混改

国有企业改革的
探索之路

谢 杰◎编著

中国财富出版社有限公司

图书在版编目（CIP）数据

混改：国有企业改革的探索之路 / 谢杰编著 . -- 北京：中国财富出版社有限公司，2025. 7. -- ISBN 978-7-5047-8356-1

Ⅰ. F279.21

中国国家版本馆CIP数据核字第2025WH9348号

策划编辑	郑晓雯	责任编辑	梁　凡	版权编辑	武　玥
责任印制	尚立业	责任校对	庞冰心	责任发行	董　倩

出版发行	中国财富出版社有限公司			
社　　址	北京市丰台区南四环西路188号5区20楼		邮政编码	100070
电　　话	010-52227588 转 2098（发行部）		010-52227588 转 321（总编室）	
	010-52227566（24小时读者服务）		010-52227588 转 305（质检部）	
网　　址	http://www.cfpress.com.cn	排　版	宝蕾元	
经　　销	新华书店	印　刷	宝蕾元仁浩（天津）印刷有限公司	
书　　号	ISBN 978-7-5047-8356-1/F · 3827			
开　　本	710mm×1000mm　1/16	版　次	2025 年8月第1版	
印　　张	16.75	印　次	2025 年8月第1次印刷	
字　　数	256千字	定　价	68.00元	

感恩所有在路上相伴的人，

你们的智慧、耐心与支持如光点燃黑暗，如风助帆远航！

愿此书成为回馈你们的一个微小起点，映射出共同努力的价值。

推荐序

　　混合所有制改革（简称混改）是我国20世纪90年代提出的国有企业改革政策，其初衷是为国有企业引入非公有资本，实现不同所有制资本共同参股国有企业。对国有企业而言，混改有助于优化资本结构，提高管理效率，增强创新能力，从而实现可持续发展。对非国有企业而言，混改提供了其参与国有企业发展，共享改革成果的机会。对整个社会而言，混改有助于提升国有企业的透明度和责任感，促进资源的合理配置，推动经济结构的优化升级。

　　然而，混合所有制改革也面临一些挑战。如何确保改革的公平性和透明度，处理好国家利益与企业利益的关系，平衡好不同股东的利益，都是需要认真解决的问题。此外，改革过程中还可能遇到法律法规、企业文化差异等障碍，需要通过细致的政策设计和有效的沟通协调机制来解决。

　　谢杰以10年金融从业者的专业背景切入国有企业混改实践，直面国有企业混改运营中的新问题、新挑战，不仅对国有企业混改的理论研究进行了深入探讨，分析了国有企业混合所有制改革的内在逻辑，提出混合所有制企业全生命周期管理的策略；更为重要的是，谢杰通过对多家国有企业混改经验的深入总结和分析，形成了系统化的标准作业程序（SOP），为国有企业混改提供了可复制、可借鉴的操作路径。同时，提供了一些国有企业混改失败的案例，通过对典型案例的深入剖析，为后续国有企业改革提供前车之鉴。

本书通过细致的案例研究和全面的分析，不仅为政策制定者、企业管理者和学者提供了宝贵的见解，也为对国有企业改革感兴趣的读者提供了全新的研究视角。

寒　莉

四川省社会科学院新闻传播研究所研究员

自　序

本书总体分为三部分：理论部分（第一、二章）、实践案例部分（第三、四章）和总结部分（第五章）。

理论部分

第一章阐明了国企的定义及其发展历程，既描述了国企发展至今的"果"，也揭示了其背后的"因"，其中最为突出的问题是地方城投债务。

基于城投公司发展形成的"果"，第二章提出了混改公司是解决当前难题的可行路径，阐述了混改如何助力地方国企发展，并推动国企逐步迈入良性发展的阶段。

实践案例部分

第三章作为实践案例部分的开端，从实战层面详细阐述混改公司的前期准备、中期运营维护、后期退出的操作方法以及混改过程中的潜在风险。

第四章充分展现了成都宗文金融服务外包有限公司与攀枝花市花城投资有限责任公司的混改实践方案，同时分析了其他成功的混改案例，总结了失败案例的经验教训。

总结部分

第五章回顾了前四章的核心要点，并对混改的未来进行了展望，指出了部分地区现有的发展机遇。

阅读建议

本书适宜采用跳读的阅读方式。内容设计之初，便充分考虑了读者碎片化的阅读习惯，旨在兼顾实用性，实现"拿来即用"的目的。尤其是第三、四章，每节的内容都是独立的，专注解决混改各环节的工作问题，深入剖析典型案例。

在表达上，我们大量采用二元论的表述方式，如"非黑即白""非对即错"。这种措辞虽然略显直白，但有助于在有限的篇幅内平衡内容的深度与广度，便于初次接触国企服务工作的读者或国企新人理解和掌握相关内容。

因此，您可以选择性地使用本书内容。例如：

· 处理文案或工作报告时，可引用第一、二章的观点以节省行文时间；

· 面对具体工作节点的困难时，可根据目录翻开对应章节，参考流程路径和范例文本，直接应用于实际工作。

特色功能

由于混改公司是长期经营的主体，而国企改革政策实时变化，范例文本也需与时俱进，读者可以通过扫描本书封底的晴灵 AI 二维码，获取最新资料，如最新的混改流程与范例文本等，以应对工作需求，突破纸质书的局限性；还可以提出意见与建议，若被采纳，将被记入图书修订内容于本书重印或再版时使用，突破图书单向信息传播的局限，实现互动交流。

写作缘由与初衷

作为一名金融从业者，20年的职业生涯让我感到既幸运又困惑。虽已步入不惑之年，却仍对国企综合服务工作抱有诸多问题。这既是不幸，也是幸运。

不幸在于，我直到2015年才开始接触国企服务工作。当时正值城投公司举债盛行，券商、信托等金融机构争相逐鹿，融资市场盛况空前。而我进入这一领域时，市场环境已十分复杂，个人经验尤显得相对不足。

幸运的是，凭借之前10年金融行业的从业经历，我得以快速融入新的工作环境，提出了一些新的构想与设计，这些想法在实践中获得了肯定与口碑。更为幸运的是，随着国企改革的深入 推进，我在混改公司筹建与运营中遇到的新问题、新挑战，反而让我的职业生涯更加充实。这种探索和学习的过程，对我而言，实在是幸事。

初次实践混改时，我们团队和国企领导都缺乏经验。当时市面上的书籍多以理论研究为主，强调理论阐述，但缺乏实际操作指引。我曾想，若能有一本书能手把手指导我们从零开始建立和运营一家混改国企，该有多好！

经过四家国企的混改实践和三年的国企运营推进工作，尤其是第一家混改国企已成功进入良性发展轨道后，我和团队对整个混改经验进行了全面复盘与总结，最终形成了系统化的标准作业程序（SOP）。

SOP不仅解决了混改工作中常见的模糊与不确定性，还以清晰的框架和步骤提供了可复制、可操作的路径，同时包含了大量可直接应用的范例文本。这使得混改工作的推进有迹可循、有章可依，为后续国企改革提供了实际操作参考。

随着人工智能（AI）时代的全面来临，国企改革中基于SOP积累的大量基础数据，若能进一步进行结构化整理并转化为数据资产，不仅可以赋能企业治理，还能为未来发展提供新的驱动力。本书提出的SOP，恰恰为这种转变提供了可行的路径。通过完善数据资产管理，国企可以实现从经验驱动向数据驱动的转型。

此外，从人工智能发展的实践角度来看，目前仍然缺乏针对具体落地场景的应用方案。而本书中提及的诸多涉及人员操作的工作，如数据整理、流程管理、文案审核等，都可以通过引入人工智能实现智能化。人工智能的引入不仅能显著提高这些工作的效率，还能释放生产力，使人员从烦琐的事务性工作中解放出来，专注更具战略性的任务。

作为一名民企经营者和混改公司管理者，我希望自己能兼具学者的身份，持续探索和认知世界。学者的追求不过五点：

①发现隽永的规律；

②赢得同行知音的钦佩；

③得天下英才而教育之；

④名；

⑤利。

幸运的是，其中的大部分我都没有。但知耻而后勇，从这本书开始，我希望它能为您提供帮助，也为国企改革的实践与探索增添些许价值。

谢　杰

2025 年 7 月 15 日

目 录
CONTENTS

第一章

国有企业的前世今生

第一节　国有企业的定义及发展历程

一、国有企业的定义

国有企业是指国务院和地方人民政府分别代表国家履行出资人职责的国有独资企业（非公司制）、国有独资公司（公司制）以及国有资本控股公司（国有股份占主导），包括中央和地方国有资产监督管理机构和其他部门所监管的企业本级及其逐级投资形成的企业。

国家对国有企业资本拥有所有权和控制权。国有企业作为一种生产经营组织形式，同时具有商业类和公益类的特点，其商业性体现为追求国有资产的保值和增值，其公益性体现为国有企业的设立通常是为了实现国家调节经济的目标，起着调和国民经济各个方面发展的作用。

长期以来，国有企业在我国社会发展、科技进步、国防建设等方面做出了重要贡献。在我国所有制结构中，公有制经济占主体地位。截至2024年3月，我国A股上市公司总数为5370家，其中国有控股上市公司共1418家，占比达到26.4%。

二、国有企业的发展历程

中华人民共和国成立以来，国有企业对国家的经济建设和社会发展做出了独特且不可替代的贡献。随着改革开放的深入推进，我国的经济与社会发展展现出新的特征和需求，促使国有企业开启了不断改革、发展与创新之路。下面将从中华人民共和国成立七十多年来国有企业的发展历程入手，分析国有企业的发展理论与实践，探讨其发展逻辑，研究国有企业在不同发展阶段面临的主要问题与取得的成效。[1]

---

[1] 丁晓钦."做强做优做大"：国有企业改革理论与实践的逻辑统一——我国国有企业发展历程与展望［J］.当代经济研究，2021（9）：39-51.

（一）第一阶段：1949年—1978年

在中华人民共和国成立初期，中国共产党带领中国人民克服了新中国面临的严重贫穷、落后的局面，取得了举世瞩目的成就。在这种情况下，如何发挥体制优势，建设一个自主、强盛的现代社会主义国家，仍是当时亟待解决的重要问题。1952年，政务院发布的《关于各级政府所经营的企业名称的规定》，第一次对国有企业作出了正式的界定，明确提出：凡中央五大行政区各部门投资经营的企业（包括大行政区委托省、市代管的），称"国营企业"。在这一阶段，国有企业已经成为新中国经济发展的重要支柱，基本取代了私有企业，为新中国前三十年的发展做出了重要的贡献。

1.国有企业发展初期的理论依据和实践探索

中国共产党结合当时中国的国情，对马克思主义经典理论中的"生产力与生产关系的互动""经济基础对上层建筑""扩大再生产"等问题进行了深刻剖析。在实践中，最初的国有企业主要源于三大改造中所接收的官僚资本主义、敌伪工业、和平赎回的民族资本主义工商业，以及部分战时的国营工业。在这个阶段，中国的工业增加值占国内生产总值的比重由1952年的17.6%提高到了1978年的44%。中国从一个落后的农业大国逐步转变为新兴的工业国家。

2.这一阶段国有企业发展的内在逻辑

在新中国工业化过程中，中国共产党领导下的国有企业发挥着不可替代的重要作用。一些政策的实施，不但推动中国从农业国向工业国转变，还为实现以人民为中心的发展思想奠定了坚实的产业基础。

中华人民共和国成立初期，我国是一个落后的农业国，国有企业作为国家经济和社会责任的主要承担者，通过整合全社会资源，聚焦工业发展，特别是重工业，肩负着推动工业化、改善人民生活的双重使命，推动中国从农业国向工业国转变，缓解了部分工业化需求与现实基础之间的矛盾。这一历史过程，既显示出资本积累的重要意义，又显示出社会主义体制集中力量办大事的优越性。

国有企业推动了中华人民共和国社会主义公有制的建立与巩固，实现了民族独立的理想，极大增强了人民对制度的信心。国有企业的特点是全民所有，生产全民参与，利益全民共享，这既能满足人们的基本生活需求，又能让人们在精神和文化层面感受到公平公正的社会制度。[1]

国有企业改革为发展中国家提供了后发优势。后发优势理论由美国经济学家亚历山大·格申克龙于1962年提出，用来说明落后国对发达国的赶超机制。中国国有企业的成功，与拉美传统产品出口模式、中东经济依赖资源、东欧经济转型的困境和印度的官僚主义倾向形成鲜明对比，呈现出独立自主的发展模式，成为具有中国特色的中国方案。

在发展过程中，国有企业不仅关注当前的工业化需求，也关注人们对物质和精神方面的需要。从"强优大"的发展逻辑来看，尽管国有企业在这一时期以"大"为主，但随着经济发展的需求和市场环境的变化，优化资源分配、明晰权责已是必然趋势。这一阶段的国有企业改革，不仅是在经济层次上进行结构优化，更是深层次的经济发展方式的战略性调整，也是建立中国特色社会主义市场经济体制的重要内容。

在新中国发展进程中，国有企业起到了举足轻重的作用。它不仅是中国工业化进程的坚强后盾，还是建立公平、公正的社会体系的有力支撑，使广大人民对社会主义制度充满了信心。中国在发展过程中所取得的成就，对其他发展中国家来说，具有一定的借鉴意义。这既体现出中国国有企业在化解发展冲突方面的独特作用，也彰显出中国模式在世界历史进程中的重大意义。

（二）第二阶段：1978年——1993年

1978年改革开放后，国有企业改革的重点转移到了提高经济效益上，主要

---

[1] 丁晓钦."做强做优做大"：国有企业改革理论与实践的逻辑统——我国国有企业发展历程与展望［J］.当代经济研究，2021（9）：39-51.

是将经营权和所有权分离，让公司变成一个独立的管理机构，承担自己的盈亏，以此来解放和发展生产力，满足人们日益增长的物质和文化需要。然而，在这个阶段，国有企业无论在执行功能、企业结构还是管理者的角色责任上都呈现出鲜明的二元特征，这种二元特征既不能促进社会生产力的发展，也不能满足人们日益增长的物质和文化需要。"以企业为中心"的思想推动了国有企业改革的起步。改革开放之初，"减少政府干预，独立分红"是国有企业改革的重要政策。[1]

1. 放权让利阶段的国有企业改革的理论与实践

中国国有企业改革始于1979年。那一年，中央工作会议提出要扩大企业自主权，并出台了一系列配套文件，在全国范围内开展企业扩权试点，1980年试点企业达6600家，1981年全面推广。

通过扩大企业经营自主权改革，国有企业有了一定经营自主权，逐步成为独立核算经营主体，企业和职工的积极性都有所提高。

扩大企业经营自主权，在早期的确激发了企业、职工的劳动热情，但也存在着"鞭打快牛"、利益分配不平衡等问题。针对这些问题，1983年我国开始实行"利改税"政策。该政策旨在分离政府的社会管理者与资产所有者职能，但由于税收负担过重等因素，企业的积极性受到了影响。

在计划经济时代，中国的国有企业肩负着一系列经济与社会责任，然而这种责任模式并不能很好地满足人们对于经济与文化的需求。1984年，党的十二届三中全会通过的《中共中央关于经济体制改革的决定》中指出"所有权同经营权是可以适当分开的"。于是，所有权与经营权的适度分离，就成了当时人们热烈探讨的焦点。

《中共中央关于经济体制改革的决定》还明确提出要实行厂长（经理）负责制。1988年，《中华人民共和国全民所有制工业企业法》的颁布对厂长（经理）负责制从法律层面进行了更加明确的规定。同年，《全民所有

---

[1] 周建林.国有企业改革回顾与思考［J］.石油组织人事，2022（5）：51-57.

制工业企业承包经营责任制暂行条例》开始实施，为承包经营责任制的推行奠定了政策基础。

承包经营责任制在初期取得了一定的效果，但是它存在重短期效益、"保盈不保亏"等弊端。为此，1989年我国开始对经济进行整顿，并逐渐把"放权让利"改革扩展到企业内部，并对"租赁经营""股份经营"等新型管理体制进行了探讨，为我国建立现代企业制度打下了坚实的基础。

放权让利阶段，国有企业从理论与实践两个方面进行了探索，寻求了一条适合我国国情的改革之路。尽管改革能够在短期内激发企业管理者的积极性，但没有从根本上解决问题，所以国有企业对于制度变革和制度创新的追求也就变得更加紧迫。[1]

1992年7月，国务院颁布《全民所有制工业企业转换经营机制条例》，明确提出以国有企业改革为核心，赋予国有企业14项管理权限。

在这一阶段，国有企业对GDP的贡献显著，经济效益得到了显著提高。1979年至1992年，中国国内生产总值、城镇居民家庭可支配收入及国民所得均实现数倍的增长，人们的生活水平得到了很大的改善。[2]

从理论和实践来看，国有企业改革是中国经济社会发展的必然选择。邓小平指出："社会主义阶段的最根本任务就是发展生产力。"这一观点是我国改革开放以来，尤其是在国有企业改革中的一项重要指导方针。

从总体上讲，国有企业改革经历了一个寻求突破、实践和逐步发展的历程。这不仅是对原有制度的挑战，更是为中国特色社会主义市场经济体系的构建奠定了理论和实践基础。改革开放以来，中国不但在经济发展方面取得了令人瞩目的成绩，还在政治、社会、文化等方面显示出了强大的生命力与优越性。

---

[1] 周建林.国有企业改革回顾与思考［J］.石油组织人事，2022（5）：51-57.

[2] 丁晓钦."做强做优做大"：国有企业改革理论与实践的逻辑统一——我国国有企业发展历程与展望［J］.当代经济研究，2021（9）：39-51.

2.这一阶段国有企业发展的内在逻辑

自1978年实行改革开放以来，在以人民为中心的发展思想下，我国逐步将工作重心转移到了经济建设上。人民日益增长的物质文化需要同落后的社会生产之间的矛盾是社会主要矛盾。国有企业通过提高生产效率、明晰权责，推动了国民经济的迅速发展，提高了人们的收入，显著提升了人们的物质生活水平，基本坚持了以人民为中心的改革方向。我们应当看到，国有企业改革"强优大"的演化逻辑，在强调"优"的同时，突出了提高生产效率，优化了总体产能，但是，在履行社会责任上，在"强"的方面表现不足。因此，这一阶段的国有企业往往只注重经济效益，而忽视了人文关怀与长远的生态环境保护，更多的是注重企业的短期利益，而忽视了全局的利益。

在这一阶段，我国的社会主义市场经济体制还没有彻底确立。因此，国有企业还没有实现对资源的优化配置。与此同时，由于计划经济体制下的指导思想，工业结构尚没有得到完全优化。在此背景下，国有企业往往只注重"大"，却忽略了企业品牌效应与国际竞争力的提高。从整体上看，尽管这一阶段国有企业做了一些有意义的探索，也取得了一些成效，提高了人们的物质生活水平，但是国有企业仍然处在发展的初级阶段，以将经济效益做到"优"为主。1978年至20世纪90年代初期，"放权让利"是国有企业改革的核心内容。[1]

国有企业改革之初，以扩大企业经营自主权为重点，把职工收入和经营业绩联系起来，明晰了中央和地方之间的权力界限。实行"盈亏自负"经济责任制，这是一项重要的制度安排。而后，在第二个阶段实行"利改税"，建立了一个规范、稳定的收益分配制度，既保证了国家的税收，又规避了以前计划经济体制下的弊端，提高了企业的生产率。实行承包、租赁等多种经营方式，是实现国有企业"放权让利"的重要举措。所以，这一阶段的国有企

---

[1] 丁晓钦."做强做优做大":国有企业改革理论与实践的逻辑统一——我国国有企业发展历程与展望[J].当代经济研究，2021（9）：39-51.

业改革，实际上是围绕促进社会生产力发展而展开的。

在计划经济制度下，由于单一的全民所有制和集中的计划经济制度，大型国有企业的人力、财力、物力和生产、供应、销售等都是由政府直接控制，因此无法对资源进行有效的分配，而且职工的工作积极性也不高。这既浪费国家资源，又使企业缺乏动力，导致生产效率低下。要使国有企业的工作重点转向生产力的提高，就需要对国有企业的功能进行调整，把更多的精力放在经济功能上，对资源进行高效分配，调动职工的工作积极性，这样才能使企业的生产力得到更大的提升。

（三）第三阶段：1993年—2003年

"放权让利"的探索与实践，使我国政府与企业界都意识到必须进行企业体制的根本变革。在对国有企业改革的研究中，从最初对"政企关系"的探讨，逐步拓展到"国企体制"和"国企职能定位"这两个层面，对国有企业改革进行了深入的探讨。

1993年，中国城镇居民恩格尔系数为50.1%，平均每百户家庭拥有约2.3台空调；而在同一时期，美国的空调普及率接近70%。这种反差反映了中国人民日益增长的物质文化需求尚没有得到充分的满足。中国社会主义市场经济体系的确立与健全，为中国经济增长注入了不竭的动力与活力，也为国有企业改革指明了方向。在这一阶段，国有企业改革使国有企业和私有企业的职能与角色更加清晰，为实现"两个毫不动摇"的经济发展战略奠定了坚实的基础。

1.企业制度改革阶段的国有企业改革的理论与实践

在中国的改革开放进程中，国有企业改革一直处于中心地位，这一点是毋庸置疑的。1992年，邓小平在南方谈话中再次为改革注入了强大动力，党的十四大正式确立了我国经济体制的改革目标是建立社会主义市场经济。1993年，党的十四届三中全会通过的《中共中央关于建立社会主义市场经济体制若干问题的决定》，对国有企业的改革提出了新的发展思路，即"转变企业经营机制，建立现代企业制度"。[1]

1994年，国务院召开全国建立现代企业制度试点工作会议，确定在百家企业开展现代企业的制度试点工作。1997年，党的十五大报告中指出，建立现代企业制度是国有企业改革的方向。这一时期，国有企业开始积极探索实现公司制的有效形式，股份制改革有序推进。

与此同时，现代法人治理结构开始逐步替代厂长（经理）负责制，逐渐成为我国国有企业的主导制度。面对20世纪90年代国有企业普遍面临的严重亏损和经营困境，我国政府提出"抓大放小"的改革策略，即通过收缩战线，集中力量，提升国有企业的活力。大型国有企业集团通过重组"做大做强"，小型国有企业通过市场化的方式进行改制。

1999年9月，党的十五届四中全会通过了《中共中央关于国有企业改革和发展若干重大问题的决定》，对国有企业改革过程中遇到的一些问题，提出了继续对国有企业实施战略性改组，放开搞活国有中小企业，并在此基础上提出了一系列有关国有企业改革的具体措施。2002年11月，党的十六大提出继续调整国有经济的布局和结构。同时提出了，关系国民经济命脉和国家安全的大型国有企业、基础设施和重要自然资源等，由中央政府代表国家履行出资人职责。其他国有资产由地方政府代表国家履行出资人职责。

这一阶段的国有企业改制，其根本目的在于引导国有企业建立与市场经济相适应的资本观、产权观，加快建立现代企业制度。同时，对国有经济进行战略调整，对国有企业进行战略重组，即对整个国有经济体系进行全面的调整，以适应市场竞争的需要。

从理论上讲，1988年以来，一些学者提出了由承包制向现代企业制度过渡的观点。该理论在这一阶段得到学术界的广泛认可，现代企业制度改革的方向日渐明晰。到2003年，中国的国有企业已经基本建立了现代企业

---

[1] 丁晓钦."做强做优做大"：国有企业改革理论与实践的逻辑统一——我国国有企业发展历程与展望［J］.当代经济研究，2021（9）：39-51.

制度，GDP、企业数量、企业资本金、企业收益等一系列重要的经济指标显著提高。

这一阶段城镇居民家庭的生活水平得到了极大的提高，以空调为例，城镇居民每百户的空调保有量增长迅速，逐步接近国际先进水平。

总之，这一时期的国有企业改革，是对以往计划经济体制的一次深刻的变革，是我国国有企业在社会主义市场经济体制下的定位与转变过程。这一改革实践将理论与实际相结合，为我国国有企业走向现代化、市场化、国际化打下了良好的基础，对提升国有企业的综合竞争能力和活力具有重要意义。经过这一系列深层次的变革，国有企业不仅完成了自身的转型与升级，而且对中国经济的迅速发展、建立社会主义市场经济体系起到了巨大的作用。[1]

2.这一阶段国有企业改革的内在逻辑

这一阶段的国有企业改革是对人们不断提高的物质生活需要的一种有效回应。首先，国有企业发展遵循"强优大"的基本方针，既提高了满足社会多样化物质需要的能力，又推动了民营企业的迅速发展，同时搞活了国有企业，保持了国有企业经济功能的优势。其次，国有企业充分运用现代企业制度，更好地适应市场经济并融入市场，有效提升了企业的资源配置效率和管理水平。最后，尽管这一阶段的改革强调对大型企业的支持，但国有资本的总量和企业数量实际上有所减少，这表明改革在追求"优"的同时，一定程度上牺牲了"大"。此外，在"抓大放小"的过程中，不仅导致劳动者失业，由于国有资产所有者的缺失和出资人体系的不完善，在小型国有企业改制过程中还出现了一定程度的国有资产流失的情况。

3.这一阶段国有企业改革的重大问题

这一阶段国有企业改革需要厘清两个关键问题。首先，国有企业体制改

---

[1] 丁晓钦."做强做优做大"：国有企业改革理论与实践的逻辑统一——我国国有企业发展历程与展望［J］.当代经济研究，2021（9）：39-51.

革是否必然导致私有化。在党的十四届三中全会精神的指引下，提出了以构建社会主义市场经济为目标的经济体制改革。企业的经营管理模式发生了变化，从计划性生产模式转变为现代企业制度模式，以市场机制来分配资源，更好地满足人们不断提高的物质需要。这一时期的改革使人们的生活水平有了很大的提高。但是，人们对物质生活的需要已经不仅仅停留在温饱上，还出现了多元化和高品质化的需要倾向。

其次，在国有企业体制改革进程中，政府和市场之间的互动关系也是一个重要的问题。为了更好地发挥市场的作用，合理界定市场和政府之间的权力和义务关系，对促进经济发展具有重要意义。关于"政"与"管"的关系，有人提出"政企分开"就是将企业的经营管理权从政府手中分离出来，让企业自主经营、自负盈亏。但是，从本质上讲，政府和市场的相互作用才是现代市场经济制度发展的关键。这两个方面相辅相成，缺一不可。一方面，建立健全的法律制度、竞争规则、宏观环境和社会保障体系，是市场单独发挥作用的基础；另一方面，市场经济本身的局限性、盲目性、自发性、滞后性，导致了贫富分化、经济不稳定等一系列问题。[1]

市场经济的发展离不开政府的介入与调节，这既是社会化大生产时代市场经济演化的客观规律，也是资本主义市场经济和社会主义市场经济体制共同发展的必然要求。在资本主义市场经济体制下，政府往往代表垄断资本的利益。因此，要解决生产社会化和生产资料资本私有制的冲突，很难从全社会的整体利益出发，对经济社会的发展进行有效的调控。与此形成鲜明对比的是，在社会主义市场经济条件下，公有制占绝对优势，政府代表所有人的利益、满足人们的需要。因此，政府可以从整体和长远角度出发，对经济和社会的发展进行有效的调节，推动经济持续、健康地发展，满足人民日益增长的多样化需要。

---

[1] 丁晓钦."做强做优做大"：国有企业改革理论与实践的逻辑统一——我国国有企业发展历程与展望［J］.当代经济研究，2021（9）：39-51.

这一阶段国有企业改革的关键在于明晰产权和权责，实行高效率经营。改革的重点是实现企业体制的现代化和经营的现代化。在这一系列举措中，国有企业的发展目标更加清晰，运营效率更高，为国有企业更好地履行经济功能、满足人民群众的物质文化需要做出了重要的贡献。但是，在产权划分的过程中，一些企业借着改革的名义，对国有资产进行了侵吞，造成了巨大的损失和不良的社会影响。这一时期的国有企业改革过于重视经济功能，而忽略了其他非经济功能，如社会责任。要解决上述问题，必须继续深化国有企业改革。

（四）第四阶段：2003年—2012年

国有企业改革涉及行政、政府组织等多个领域。随着国有企业经营效率的不断提升，民营经济活力不断增强。2000年，我国基本实现了小康目标。但是，随着市场经济的发展，社会竞争加剧，收入分配格局多元化带来的收入差距扩大，以及国有资产流失等因素的影响，基尼系数由1981年的0.288迅速攀升到2001年的0.447。这说明，当人们的物质生活水平达到了一定高度后，收入差距与财富差距的不平衡，就成了社会普遍关注的问题。[1]

1. 加强监管阶段的国有企业改革的理论与实践

1998年，国资委尚未成立，国有资产的监督和管理工作分别由计委、财政部、经贸委等部门负责。这种多头管理的方式使我国没有一个可以真正承担起国有资产保值、增值责任的核心机构。2002年—2003年，党的十六大和十六届二中全会提出深化国有资产管理体制改革的重大任务，明确了国有资产管理体制改革的原则，即"三分开"（政企分开、政资分开、所有权与经营权分开）、"三统一"（权利、义务和责任相统一）、"三结合"（管资产和管人、管事相结合），标志着我国国有企业改革进入国有资本监督制度的探索阶

---

[1]　丁晓钦."做强做优做大"：国有企业改革理论与实践的逻辑统一——我国国有企业发展历程与展望［J］.当代经济研究，2021（9）：39–51.

段。2003年3月，十届全国人大一次会议表决通过了国务院提请审议的机构方案，设立国务院国有资产监督管理委员会。在国有资产国家统一所有的前提下，由中央、地方两级政府代表国家履行出资人职责，享受所有者权益，权利、义务、责任相统一，管资产和管人、管事相结合。到2004年6月，我国各省区市陆续建立了国有资产监督管理部门，国有资产监督管理制度逐步步入正轨。

随着国有资本经营体制的不断完善，国有经济的布局与结构优化也在稳步推进。首先，以主辅分离和辅业为主体的改革为契机，推动了一大批大中型企业的改组。其次，在一些重要产业，如电力和航空航天等领域，不断深化改革，逐步建立起多元化的竞争格局。最后，深化股份制改革，我国的混合所有制改革取得了明显的进展。截至2012年年底，由中央企业及其子企业引入非公资本形成混合所有制企业占总企业户数的比例已达到52%。我国国有经济的现代化、市场化进程在这一阶段不断加快。

这一阶段，国有企业改革的重点是强化对国有资产的监督管理，推动企业履行社会责任。强化监督管理与履行社会责任的理论依据基本上是一致的。

2.这一阶段国有企业改革的内在逻辑

这一阶段在缩小收入差距的前提下，通过发展生产力，实现缩小贫富差距，保证发展成果惠及全体人民。其本质是既要扩大"蛋糕"，又要对"蛋糕"进行合理的切分。人们对"蛋糕"究竟应该怎么切分进行了争论，其实它们是一个问题的两个侧面，相互依赖。不管这块"蛋糕"有多大，总会遇到一个难题，那就是如何公平地分配；产量再大，也总是有分配的问题。[1]

在前期国有企业改革中，比较重视做大"蛋糕"，提倡"先富带后富"。改革开放20余年，我国经济"蛋糕"逐步做大，但发展不均衡是最突出的问

---

[1] 丁晓钦. "做强做优做大"：国有企业改革理论与实践的逻辑统一——我国国有企业发展历程与展望［J］.当代经济研究，2021（9）：39-51.

题。这就要求在不断解放和发展生产力的过程中，促进高质量发展，把更多的精力放在保障和改善民生上，促进社会的公平正义，促进共同繁荣。要把"蛋糕"做大，把"蛋糕"分好，这样才能最大限度地发挥社会主义体制的优越性。与此同时，随着人们对物质需要的日益满足，文化需要的满足程度与物质需要的满足程度之间的差距越来越大。这一阶段的国有企业改革，也开始加强文化建设力度，以同时满足人民群众的文化需要和物质需要。从这一点看，在不断满足人们物质需要的情况下，国有企业在满足人们的文化需要上取得的进展，基本上解决了邓小平所说的社会矛盾问题。

在国有企业"强优大"的发展逻辑下，通过对国有资产监督体系的不断健全，有效遏制了国有资产的流失，使国有资产总额大幅增加。既显示出在经济功能、资源配置、管理架构等方面的"优"，又保持住了国有企业的"大"的规模。随着国有企业经济功能的强化，其社会功能逐渐被关注，国有企业社会责任的履行情况明显好转，整体功能基本达到"强"的水平。我国国有企业在经历了三个阶段的改革与发展之后，已初步形成了"强优大"并举的发展态势。

3.这一阶段国有企业改革的重大问题

国资委自成立以来，的确对国有企业的发展发挥了巨大的作用。但是，我国国有企业监督管理中，长期将所有权、经营权与分配权分离开来，出现了"过度干预"与"职能错位""行政化"的倾向。另外，国资委既是国有企业的监督部门，又是国有企业的出资人，对企业经营管理干涉过多。在这种情况下，国有企业既要扮演"裁判员"，又要扮演"运动员"的角色，这使国有企业在国际市场上面临越来越多的质疑，与"竞争中性"的理念不符，备受诟病。

在这一阶段的改革过程中，面临一个重要的问题，那就是国有企业在履行了社会责任之后，其效率是否会受到影响。有些学者对此提出了质疑，他们认为"负起社会责任，会降低国有企业的效益，降低国有企业的竞争力"。但是，国有企业在履行社会责任，如职工就业与福利、社区责任、公共建设等方面，表现出了明显的优越性。这不仅有助于扩大国内需求、缩小收入差距、促进社会公平，还为国有企业进一步优化供给、促进创新提供了潜力。本书认为，"以职工为核心"的创新驱动模式，既可以提高职工的素质，又可以推动科技创新。而一些美国上市公司在发展的同时要兼顾股东的长期利益，就会出现追求短期利润，牺牲长期竞争力和研发实力的情况。

与私有、外资企业相比，国有企业在市场中承担着更多职责，更多地受到政府法律法规的约束和监管，无法单纯依靠资本市场的短期行为提高企业领导层的薪酬，这为企业带来了一定的制度供给优势。与私有企业相比，国有企业在科研积累、抗风险能力等方面具有明显的优势，这使其能够进行较大的长期研发投入，推动创新型经济的发展。在承担环保责任方面，国有企业也有很大的发展空间，能够起到带头作用，遵守环境保护条例，推进节能减排，为建设美好中国做出贡献。同时，在提高资源利用效率、开发新能源等领域，国有企业也在不断增加研发投入。改革的目标不仅是保持国有企业在国内的领导地位，还要逐步与跨国企业展开竞争，从而在世界能源革命中占据重要地位。

在这一历史进程中，国有企业一直在变革，但始终不忘初心，坚持以人民为中心的改革思想。国有企业在持续发现并处理问题的同时，提升了对民众不同时期需求的应对能力。在社会主义新时期，人们的需求已经转化为对更好生活品质的追求。新时期的国有企业改革，既面临着新的发展机遇，也面临着新的挑战。

（五）第五阶段：2012年至今

1. 这一阶段国有企业改革的理论与实践

《中共中央关于全面深化改革若干重大问题的决定》《中共中央　国务院关于深化国有企业改革的指导意见》等一系列文件相继出台，标志着国有企业改革进入新的发展阶段。这是我国国有企业改革发展的必然要求，也是我国经济社会发展的必然趋势。其中，《中共中央　国务院关于深化国有企业改革的指导意见》作为核心内容，辅以多个配套文件，形成了"1+N"的国有企业改革框架。"四大改革试点""十大改革试点"和"双百行动"等重大举措稳步推进,形成了由"点到面""线上见底"等改革思路。[1]新一轮国有企业改革的重点有两个方面。

第一,在新一轮国有企业改革中,突出了以资本经营为核心,强化对国有资产的监督,并按照"管资本"的要求,对国有资产进行更好的管理。2013年,党的十八届三中全会决定明确提出,完善国有资产管理体制,以管资本为主加强国有资产监管,改革国有资本授权经营体制。2015年,国务院印发了《国务院关于改革和完善国有资产管理体制的若干意见》,作为指导国有资产管理体制改革的纲领性文件,《意见》提出改组组建一批国有资本投资、运营公司,旨在推动符合条件的国有企业改制为国有资本投资公司。2020年,党的十九届五中全会进一步明确提出了健全管资本为主的国有资产监管体制的要求,为激发国有企业活力提供了重要保障。在此基础上,国务院国资委从"一身两任"(兼监管与出资人)模式转型为以组建国资经营公司为核心的"两身两任"的国资监管体制。中央企业出资人向国资监管机构转型,由新组建的国资投资/经营公司扮演直接出资人的角色,建立了"国务院国资委—国资投资/经营公司—国有企业"三层架构。国务院国资委通过管理国资投资/运营公司来调整和管理资本,而国资投资/运营公司则通过股权投资等方式进行国有资本的配置,实现国有资本的合理流动和动态调整。

这一架构有助于推动国务院国资委出"管资产"到"管资本"的转型,并通过产权治理发挥监督职能。更为关键的是,在这个架构中不管是国务院国资委行使监督职能,还是国资投资/经营公司行使出资人职责,都是以国有资本为对象。这一做法有助于打破政府与国有企业之间不公平联系和不适当的制度安排,避免了在两级架构下,国有企业被国际市场上视为"代理人"或"工具"的问题。

---

[1] 丁晓钦."做强做优做大":国有企业改革理论与实践的逻辑统一——我国国有企业发展历程与展望[J].当代经济研究,2021(9):39-51.

第二，要通过产权制度改革，大力发展混合所有制，推动国有企业管理机制的转换。党的十五届四中全会和十六届三中全会都明确了要大力发展混合所有制，这是我国社会主义市场经济体制改革的必然趋势。为了提高国有资本的使用效率，完善公司治理结构，党的十八届三中全会进一步指出，国有资本、集体资本和非公有资本等交叉持股、相互融合的混合所有制经济，是基本经济制度的重要实现形式。

2017年政府工作报告中，政府对电力、油气、铁路、民航等领域进行了重点强调，明确表明了中央政府将民营资本引入垄断行业进行改革的战略意图，旨在改善我国市场竞争格局。2020年，党的十九届五中全会进一步提出"加快完善中国特色现代企业制度，深化国有企业混合所有制改革"这一重大战略目标。这一系列的政策说明，混改已经成为国有企业改革的重点。尽管新一轮的混合所有制改革引起了产权变动，国有企业的股权比例降低，但与私有化有着本质的不同，国有资本对国有企业的控制力和影响力没有降低，国有企业在国民经济中的主导性地位也没有发生变化。与此同时，这一阶段的混合所有制表现出了"非公有资本持股"和"国资入股非国有企业"的双重特征。

新一轮国有企业改革从分类改制、优化公司治理结构、激活经营机制、强化党建、增强公开透明度五个方面着手。党的十九届五中全会提出加快构建以国内大循环为主体、国内国际双循环相互促进的新发展格局。强调"发挥国有经济的战略支撑作用""做强做优做大国有资本和国有企业"，并对国资国有企业工作进行全方位的部署，包括"加快国有经济布局优化和结构调整""推进产业基础高级化、产业链现代化""提高经济质量效益和核心竞争力"。国有资本管理体制改革和混合所有制改革是具有前瞻性与引导性的改革方向，在未来一段时期内这两个方向都会是国有企业改革的重点，通过重点突破带动全局的全面深化。

党的十八大以来，以习近平同志为核心的党中央高度重视国有企业的改革和发展，相继出台了多项配套政策，形成了"1＋N"的政策体系，既解答了当前形势下国有企业发展的难点问题，也指出了国有企业改革发展的方向和道路。

习近平总书记在党的十九大报告中，对中国特色社会主义进入了新时代这一历史性重大时期作出了重要判断。在这一阶段，国有企业改革按照习近平总书记的要求，着力做强做优做大国有企业（见表1）。党的十九届四中全会对我国社会主义基本经济制度作了新的阐释，并提出了推进国家治理体系和治理能力现代化的要求。党的十五大确立了公有制为主体、多种所有制经济共同发展的基本经济制度，党的十六大、十七大、十八大继续肯定了以公有制为主体、多种所有制经济共同发展是我国的基本经济制度。做强做优做大国有企业，既可以保持公有制的主体地位，又能更好地贯彻按劳分配原则，克服市场失灵，彰显社会主义市场经济体制的优越性。同时，强化国有企业建设也是推进国家治理体系和治理能力现代化的重要基石。通过坚持和健全党的领导制度，提升党的执政能力，健全以人民为中心的制度体系，发展社会主义民主政治，巩固和健全统筹城乡的民生保障制度，满足人民群众对美好生活的向往，从而更全面、准确地实现国有企业党性与企业家精神相结合，发挥国有企业工会的作用，履行国有企业的综合社会责任。

表1	习近平总书记对当下国有企业改革的理论论述
国有企业地位作用	国有企业是中国特色社会主义的重要物质基础和政治基础。
国有企业改革	要坚持有利于国有资产保值增值、有利于提高国有经济竞争力、有利于放大国有资本功能的方针，推动国有企业深化改革、提高经营管理水平，加强国有资产监管，坚定不移把国有企业做强做优做大。
国有企业发展	要按照创新、协调、绿色、开放、共享的新发展理念的要求，推进结构调整、创新发展、布局优化，使国有企业在供给侧结构性改革中发挥带头作用。
国有资产监管	要深化国有资产监督管理体制改革，加强出资人监督，把管资本为主和对人监督结合起来，提高国有资本运行和配置效率。
国有企业的党建	坚持党的领导、加强党的建设，是我国国有企业的光荣传统，是国有企业的"根"和"魂"，是我国国有企业的独特优势；坚持党对国有企业的领导是重大政治原则，必须一以贯之；建立现代企业制度是国有企业改革的方向，也必须一以贯之。

2.这一阶段国有企业改革的内在逻辑

在以人民为中心的发展思想指导下，党的十九大提出社会主义新时期的社会主要矛盾为：人民日益增长的美好生活需要和不平衡不充分的发展之间的矛盾。在新的历史时期，国有企业改革的逻辑也发生了变化。深入地认识这种矛盾，是对我国经济和社会发展状况的明确认识，也为发展中可能遇到的各种问题提供了明确的指导。本文从"变化"和"不变化"两个方面进行具体的解读。

"变化"，主要表现为：①从"落后"向"不平衡、不充分"的转变。中国作为世界第二大经济体，已经不能用"落后"这个词来形容，而是呈现出"不平衡、不充分"的特点，反映了发展结构不合理、发展比例不协调。②从"社会生产"转向"发展"，这一转向突出了时代发展的特点。中国正在向以"创新、协调、绿色、开放、共享"为核心的综合发展方式转变。这种综合发展方式涵盖了经济、政治、文化、社会和生态文明等领域，以适应人们的综合需要。③从"物质文化需要"向"美好生活需要"的转化，体现了人们的需要由共性走向个性，由单一走向多元，由单一维度走向多维度。人们的需求已不再局限于物质上的富裕，而是更多地体现为对民主、法治、公平、公正、安全、环境的要求。"美好生活"不仅体现为人与人之间相互依存、相互促进的关系，也体现为人与自然的和谐共生。

"不变"是指中国社会主义仍处于特定的历史阶段，而这一时期的基本国情没有发生变化。中国还处于社会主义初级阶段，社会主义制度还不够完善，工业化尚未完成，产业结构还有待优化，现代化仍在推进，"三农"问题还有待解决。与此同时，中国仍是世界第一大发展中国家，人均GDP仍处于世界中等水平，其全球竞争力与创新能力亟待提升。所以，应对"不平衡、不充分"问题的基本思路，应该是在坚持"不变"的基础上，主动寻找"变化"，并持续推进改革与发展。

在国有企业"强优大"的发展逻辑下，实现人民群众对美好生活的向往，是一项全方位、多层次的重要任务，离不开国有企业全方位的支持。国有企业的改革，既要坚持"不变"，又要适应"变化"。"不变"指的是要持续深化"强优大"协调发展，坚持国有企业改革的核心逻辑，坚持以人为本的发展理念，解决好社会主要矛盾，要最大限度地满足人民群众的根本需要。"变化"是指国有企业要在新时代中国特色社会主义建设中，实现中国经济与社会整体发展的有机统一。

第二节　城投平台公司的定义及发展历程

一、地方城投平台公司的定义

地方城投平台公司，即地方政府融资平台公司。2010 年，《国务院关于加强地方政府融资平台公司管理有关问题的通知》（国发〔2010〕19 号）对地方政府融资平台公司做出了准确的定义，地方政府融资平台公司是指由地方政府及其部门和机构等通过财政拨款或注入土地、股权等资产设立，承担政府投资项目融资功能，并拥有独立法人资格的经济实体。同年发布的《关于贯彻国务院关于加强地方政府融资平台公司管理有关问题的通知相关事项的通知》（财预〔2010〕412 号）中对融资平台公司做出了更为详尽的阐述。融资平台公司是指由地方政府及其部门和机构、所属事业单位等通过财政拨款或注入土地、股权等资产设立，具有政府公益性项目投融资功能，并拥有独立企业法人资格的经济实体，包括各类综合性投资公司，如建设投资公司、建设开发公司、投资开发公司、投资控股公司、投资发展公司、投资集团公司、国有资产运营公司、国有资本经营管理中心等，以及行业性投资公司，如交通投资公司等。

在学术研究中，多用地方城投平台公司这一名称。地方城投平台公司早期的业务范围主要集中在基础设施建设领域，如道路、桥梁、供水、供电等项目。随着国家对地方政府债务问题的重视，地方城投平台也面临着转型的压力。

二、地方城投平台公司的发展历程

地方城投平台公司（以下简称城投或城投平台）作为地方政府融资平台的代表，其发展和定位在很大程度上取决于国家的政策。以下是它的三个发展阶段，每一个阶段都有不同的背景，城投的角色和存在的问题也随之变化。[1]

（一）第一阶段：1991年—1996年

1.分税制改革

在讨论地方政府平台公司的由来前，先回顾一下中国的税收分成制度。这一制度变革是地方政府财政自主权的基础。中国在计划经济时代实行的是高度集权的财税制度，随着改革开放的深入，这种制度已不能与新的经济形式相匹配。1987年实行的全面承包政策试图赋予地方财政自主权，但这种制度有其固有的弊端，例如，扭曲了市场资源的配置，诱发了顺周期通货膨胀，导致预算外资金增多，各级财政行为无序化，财政政策的调节能力减弱，且与国有企业改革的方向不相适应。这些问题导致财政收入占GDP的比重从1979年的28%下降到1993年的12%。正是这些问题推动了1994年财税体制的重大改革，为国有企业改革铺平了道路，也为城投公司的兴起提供了土壤[1]。

中华人民共和国成立后，为了与计划经济相适应，我国实行了高度集权的财税制度，收支基本平衡。虽然经过几次"上收"与"放权"，但仍然存在着财权集中后"一收就死"、财权下放后"一放就乱"的问题。改革开放以来，我国原有的计划经济体制面临严峻挑战。在这种体制下，中央与地方实行财政大包干，共有收入递增包干、总额分成、总额分成加增长分成、上解额递增包干、定额上解、定额补助六种包干形式。在当时的37个省、直辖市和计划单列市中，直到分税制改革前，均采用了不同的包干形式。

---

[1] 孙毅，朱啸.城投平台公司转型发展困局与解决路径探索[J].国有资产管理，2023（3）:58–67.

从经济角度看，"大包干"是一种"不兼容"的制度安排。在承包制下，地方经济发展的收益增加可能使总体利益受损。鉴于信息的复杂性与非对称性，有必要将集中式与分布式两种模式有机结合，以实现各决策方案的总体效益最大化，同时降低整个社会的信息成本。这一制度安排具有激励性和兼容性。然而，"大包干"的做法却与此背道而驰，存在着明显的缺陷。

第一种效应是实行包干制对市场资源的分配产生了严重的扭曲。在该制度下，资源配置是一个由上而下的垂直传导过程，符合政府权力下放的要求。财政大包干按行政级别进行收支划分，实质上是以行政关系为基础进行资源配置。这就导致政府部门为了利益，对企业基于横向市场信息所做出的商业决定进行干预。其后果就是存在着很强的地方保护主义，很难形成统一的市场。

第二种效应是实行包干制形成了一种"顺周期性"的通胀机制。在此期间，尽管税收在全国收入中所占的比例一直在降低，但是在经济紧缩期间，税收的下降速度比较慢；在通货膨胀时期，税收的增长速度很快。究其原因，实行包干制后，地方政府和企业的利益都或多或少地受到物价的影响。当地政府认识到当地物价水平较低时，其产品将有较大的空间转移到其他地区，从而导致当地税收的外流，这对实施财政包干的区域极为不利。因此，在利润的驱使下，地方政府开始涨价，并帮助企业进行变相涨价，这就形成了"顺周期性"的通胀机制。

第三种效应是不断增加的预算外资金。据相关部门估算，1992年预算外收入约3855亿元，相当于中央预算内收入的1.1倍。在实行包干制的情况下，如果全部收入纳入预算，则要和中央政府进行分成。为此，各地纷纷出台了各种办法，把部分收入纳入预算外。这就造成了财政收支制度的失范，使中央无法对其进行监督，导致地方决策的随意性增加，同时带来了越来越多的腐败行为。

第四种效应是在不同层次上出现了金融活动的无序状态。实行包干制时，基本单位是按年协商确定的。财政部的一年一度的工作会议，每年差不多要开3个月，主要是就基数问题以及中央政府对地方政府"借款"的规模问题，进行磋商。尤其是当"借款"未归还时，这些"借款"就被列入了包干基数，导致中央和地方之间的财政关系不能保持稳定，各级财政都是"一年预算"，有的时候年预算甚至要等到年底才能出来，预算的规范性和严肃性都受到了很大的影响。

第五种效应是明显地减弱了财政政策的效力。在上述问题的共同作用下，我国财政收入在GDP中的比例不断下滑，从1979年的28%下降到1993年的12%。其中，1987年发生了一次跳跃式的下滑，财政收入在GDP中所占的比例降低了2.4个百分点，而这一年正是公司所得税和所得税承包制全面实施的时候。为了解决财政赤字，中央政府不得不依赖从地方政府借款，或者是从中国人民银行直接透支，使得中央丧失了实施逆周期调控的政策能力，不仅不能对落后地区提供有效的援助，也不能真正做到基本公共服务的均等化。在这样的背景下，中国的财政政策呈现出一种不健康的倾向。

第六种效应是强化了企业管理上的从属地位，这与我国国有企业改革的方向相背。实行包干制，其本质就是按照行政关系，由国家直接向企业征收税费，并与企业协商。通常采用的运作方式是对预算内、外的收入和支出进行调节，实质上是对下属企业的利润进行操纵。但是，从1994年开始的税收改革，使国有企业不再依靠国家层面的行政管理，从而为建立一个公正的市场环境奠定了基础。这就是自1995年以来，国有企业改革的力度越来越大的原因。

分税制改革的重点是对财政收入中的一般性预算收入进行调整，而对预算外资金的分配则未考虑。这一改革的重点在于把握好一般性预算收入，并通过建立积极的激励机制，避免本应列入预算的财政收入受到过多的阻碍。我国实行分税制，其根本目标是建立与市场经济相适应的财政体制。

从总体上看，分税制在事权与支出之间的分配是相对稳定的。这一领域的改革，实质上是对既有实践的继承与完善，但同时也带来了之前不明确和不合理的问题。特别是涉及全局资源分配的事权与支出大多数还在中央和地方政府之间进行，这方面的规定还不够完善。在财政体制的变革过程中，中央对经济发展进行宏观调控，特别是对货币、外汇政策等的调控。这主要是对企业的内部管理的下放，与当地政府没有太大的关系。在此基础上，结合税收征管和对外贸易等方面的改革，进一步明确了中央与地方之间的权限划分。国务院在1993年6月出台"十三条"措施，以加强和改善宏观调控，其中取消了央行及各分行的信贷包干，各分行不再有贷款的权力，只负责信息与监管。在改革后，还废除了分层次的外贸包干、外汇包干、出口包干。[1]

在改革进程中，对收入分配与支出能力进行重新调整，实质上是对"事权与财权相对应"的传统认识的颠覆。"财权"是一种"赋权"，但"财权"与"赋权"并不完全等同。财政分权并非以行使职权需要多少财力为依据，而是依据税收的经济性质而定。在此基础上，按此原则划分各级财政支出，并在此基础上通过适当的转移支付，形成完整的财政支出体系。实行财权与事权相适应，是分税制和渐进式改革的主要目的。

在改革过程中，根据市场经济的惯例，将收入分配重新分为中央与地方两部分。这一改革使中央与地方政府之间的财政收支关系发生了根本性的转变，以税种为基础的中央与地方政府之间的收入分配制度得以实行。

1994年分税制改革的核心是按税种分配中央和地方收入，分为中央税（包括消费税、关税）、地方税（企业所得税、个人所得税、营业税）、共享税（增值税和印花税）。

2.地方城投平台公司的诞生

第一家地方城投平台公司是1992年成立的上海市城市建设投资开发总公司，该公司的成立标志着政府投融资体制改革进入新阶段。20世纪90年代，

---

[1] 楼继伟.1993年拉开序幕的税制和分税制改革[EB/OL].财政研究（2022-03-30）[2023-12-05].https://mp.weixin.qq.com/s/27MLrPThE0k-EJO_E7KEVA.

中央财政收入在国家财政收入中的比重很小，难以支持中央推进经济改革和制定重要的经济战略。为了解决这一问题，我国实行了分税制改革，根据"财权上移、事权不变"的原则，对中央政府和地方政府的财权进行了重新划分，这就导致了原先属于地方政府的消费税、增值税等税种被大量上收，地方政府的财政困难逐渐凸显。在此背景下，传统的以财政担保为主的城投模式难以为继，城投平台逐渐成为地方政府的一种重要的融资方式。

这个时期的城投公司被定位为地方政府的融资平台，主要负责为当地的基础设施建设提供资金支持和项目建设的载体。当时的城投公司没有任何的资产，功能比较简单，其定位是与政府的财政政策紧密相连的。

（二）第二阶段：1997年—2013年

1997年亚洲金融危机和2008年国际金融危机爆发后，为应对全球经济的下行压力，中国采取积极的财政政策，并通过转移支付与地方政府相匹配的方式，使地方政府承受了相当大的公共财政负担。为减轻财政压力，地方政府利用其信用做背书，从金融机构那里获得了间接融资，在扩张性的财政政策下，迅速地积累了大量的财富，并大力发展了基础设施建设。[1]

2004年，《国务院关于投资体制改革的决定》（国发〔2004〕20号）的出台，使得地方政府投资平台从单一的政府投资平台，转变为集"政府投资平台""城市建设主体"和"城市重大资产运营主体"于一体的"三位一体"平台模式。

为应对2008年国际金融危机的负面冲击，我国推出了4万亿元的财政刺激计划，其中，1.18万亿元由中央负担，剩余2.82万亿元由地方筹集配套资金。但地方政府受制于旧预算法及贷款通则等规定，无法直接举债筹集资金。为推动项目更好落地，人民银行、银监会等监管部门联合发布

---

[1] 孙毅，朱啸.城投平台公司转型发展困局与解决路径探索[J].国有资产管理，2023（3）:58-67.

《关于进一步加强信贷结构调整促进国民经济平稳较快发展的指导意见》（银发〔2009〕92号），提出支持有条件的地方政府组建投融资平台，发行企业债、中期票据等融资工具，拓宽中央政府投资项目的配套资金融资渠道。

2009年10月，财政部发布《关于加快落实中央扩大内需投资项目地方配套资金等有关问题的通知》（财建〔2009〕631号），明确了地方各级政府是落实本地区中央扩大内需投资项目地方配套资金的责任主体，并指出可以利用政府融资平台通过市场机制筹措资金。随着政策的出台，地方政府纷纷设立了大量的地方政府融资平台，进入了快速发展时期。

随着地方政府融资平台的快速发展，一些违法融资问题逐渐暴露出来，大量违法融资行为随之产生。比如，地方政府为城投平台"变相担保"，部分金融机构未对其进行有效的信贷管理。因此，2010年6月，国务院启动了对地方政府融资平台的监管工作，并出台了一系列以平台贷款为主要内容的平台贷款监管措施。《国务院关于加强地方政府融资平台公司管理有关问题的通知》（国发〔2010〕19号），以及财政部、发展改革委、人民银行、银监会四部门联合下发的《关于制止地方政府违法违规融资行为的通知》（财预〔2012〕463号）等一系列文件都提出要对地方政府融资平台公司进行规范管理。这使得国内主要银行收紧了放贷规模，强化了信贷管理，总体上表现出审慎放贷的姿态，全国范围内的城投平台资金压力加大。

这一轮监管的重点是贷款，却并未对其他融资渠道采取规范性措施。同时，政府对基础设施建设、保障房建设、棚户区改造等方面仍给予了政策上的支持。一方面，对城投平台的监管采取了"重堵不重疏"的方式，旨在减少城投平台从银行获得的融资。受政策调控的影响，2013年，我国地方政府需偿债务结构中，银行贷款所占比例从2010年的74.8%下降到2013年的50.8%。另一方面，在融资渠道受限的情况下，城投平台也在积极拓宽其他融资渠道，以满足当地政府用于基础设施等项目的建设资金需求。城投平台债券融资规模迅速增长。城投平台债券的发行规模从2010年的4062.5亿元增加到2013年的1.4万亿元，年均增长50.3%。[1]

在传统融资渠道受到限制的背景下，以非标准债权资产为代表的影子银行成为地方政府融资的一个重要渠道。城投平台、券商、保险等非银金融机构构建了新的融资链，银行通过银银合作、银信合作、银证合作等途径为城投平台提供融资资金。2013年，地方政府的偿债债务、担保债务和可能纾困的债务与2010年相比分别增长了62.2%、14.1%、159.9%。

（三）第三阶段：2014年至今

为了有效控制地方政府债务风险，国家开始加大对城投平台债务的整治力度。2014年开始修正，2015年起施行的《中华人民共和国预算法》第三十五条规定："经国务院批准的省、自治区、直辖市的预算中必需的建设投资的部分资金，可以在国务院确定的限额内，通过发行地方政府债券举借债务的方式筹措。"2014年，国务院印发的《国务院关于加强地方政府性债务管理的意见》（国发〔2014〕43号）指出，政府债务不得通过企业举借，企业债务不得推给政府偿还，切实做到谁借谁还、风险自担。2017年，财政部等六部门联合发布的《关于进一步规范地方政府举债融资行为的通知》，对地方政府举债融资行为作出进一步规范。在严格控制地方政府债务规模的同时，监管层通过PPP（社会资本合作）、政府投资基金等多种形式拓宽了地方政府的融资渠道，并通过债务置换等手段减轻了地方政府的债务利息负担，优化了债务期限结构，降低了利息成本。审计署发布的数据显示，2015年—2018年，已完成12.2万亿元的存量政府债务置换。[1]

之后，国家进一步加强了对"隐性债务"的控制，明确提出了"控增化存"的要求。尽管《中华人民共和国预算法》（2014年修正）对各种形式的违规债务进行了严格的限制，但以城投平台为代表的具有政府信用背书

---

[1] 中国银行研究院.我国城投平台的发展历史、风险分析及相关建议[EB/OL].（2023–06–13）[2023–12–05].https://pic.bankofchina.com/bocappd/rareport/202306/P020230613553870914014.pdf.

的融资平台依然在不断扩大融资规模。对此，2017年7月，中共中央政治局会议提出，"要积极稳妥化解累积的地方政府债务风险，有效规范地方政府举债融资，坚决遏制隐性债务增量。"这次会议第一次正式提出了"隐性债务"这个概念。地方政府"隐性债务"是地方政府债务的一种主要类型。此后，国务院出台了一系列关于地方政府隐性债务的管理与处理办法，加强了对地方政府隐性债务的监督与处置。2019年6月，国务院办公厅印发了《关于防范化解融资平台公司到期存量地方政府隐性债务风险的意见》（国办函〔2019〕40号），旨在指导地方政府和金融机构开展隐性债务置换工作。2019年末，县级隐性债务风险化解试点工作开始开展，通过置换部分隐性债务达到降低风险的目的。针对隐性债务的"控增化存"工作开始全面推进。

2020年新冠疫情暴发后，地方政府的财政收入减少，支出负担不断加大，潜在的债务风险不断上升。在"控增化存"的政策导向下，地方政府对隐性债务的无序扩张得到了一定程度上的遏制。而随着2020年新冠疫情的暴发，为了应对疫情带来的冲击，我国财政政策加大了对稳经济的支持力度，地方政府的支出压力也随之加大。为了实现"稳增长"目标，各地的融资环境总体趋于宽松，城投平台的融资规模有了显著的增加。

随着疫情形势的好转，监管层再次开始加强清理隐性债务的力度。要求持续控制隐性负债的增长，并提出"终身问责制"。在新一轮政策收紧的大背景下，城投平台的融资环境逐渐收紧，融资渠道受到了很大的冲击。

《国务院关于加强地方政府性债务管理的意见》（国发〔2014〕43号，以下简称43号文）作为一个转折点，标志着城投平台开始转型发展。城投平台公司要在"借、用、还"有机结合的原则下，继续进行市场化改革，建立健全资金链，提高自身造血能力，并对自身的经营管理进行优化。然而，由于历史原因，地方政府在改制过程中仍存在着各种问题。

第三节　地方城投平台发展困局

一、外部环境的变化

（一）中国城市化进程放缓

作为城市建设的主要力量，城投平台公司的发展方式必然会随着城镇化进程的变化而发生相应转型。20世纪90年代初，中国城市化水平不到30%，城市建设任务艰巨，这一时期地方政府承担着补短板、加速推进城市基础设施建设的重任。2022年起，中国城镇化率已经超过65%，大规模的传统基建任务已经接近尾声，对传统基建的需求也在不断降低，这已经成为一个长期的趋势。在城镇化建设速度减缓的背景下，城投平台公司如何在新型城镇化时期进行经营调整，增强自身的造血功能，优化运作效率，是地方政府面临的一个重要课题。[1]

（二）土地财政的政府背书弱化

地方政府是我国重要的地方基础设施建设主体承担者。然而，分税制实施后，地方财政的税收收入大幅下降，地方财政收入已不足以支撑基础设施建设的资金需求，只能依靠举债融资。43号文以前，地方政府不能直接成为发行债券的主体，因此大都组建了城投平台，为基础设施建设提供资金。此后，尽管地方政府有了新的融资方式，但是不能再像以前那样借助城投平台无限制地举债。2021年，《银行保险机构进一步做好地方政府隐性债务风险防范化解工作的指导意见》（银保监发〔2021〕15号）的发布，彻底打破了政府为城投债务兜底的幻想，这使得城投平台的融资属性持续下降，企业属性继续提升。城投平台公司面临着政府背书弱化和债券发行受限的双重压力，

---

[1]　孙毅，朱啸.城投平台公司转型发展困局与解决路径探索[J].国有资产管理，2023（3）:58-67.

如何构建健全稳定的资金流，提升企业属性，并以更好的方式参与市场竞争，是亟待解决的重要课题。

（三）风险管控日益趋严

城投平台自成立以来，一直遵循着国家政策的指引，政策的转变对城投平台的发展有着重大影响。

2010年后，针对地方政府在城投平台公司高速发展过程中遗留的一些问题，国家出台了一系列的政策，特别是2021年所发布的政策，使得地方政府和城投平台面临着更大的压力。

《国务院关于进一步深化预算管理制度改革的意见》（国发〔2021〕5号）提出，要对地方融资平台公司进行"清理规范"，剥离其政府融资职能，对失去清偿能力的要依法实施破产重整或清算。《银行保险机构进一步做好地方政府隐性债务风险防范化解工作的指导意见》（银保监发〔2021〕15号）对地方政府隐性债务进行了规范，其中明确规定，"对承担地方政府隐性债务的客户，银行保险机构还应遵守以下要求：一是不得新提供流动资金贷款或流动资金贷款性质的融资。二是不得为其参与地方政府的专项债务项目提供配套融资。"在严格的风险控制环境下，地方政府如何加强负债管理，提高自身的长期造血能力，是地方政府在转型和发展过程中面临的一个重要课题。

二、内部发展问题的突现

（一）地方政府隐性债务的主要问题——城投平台负债规模持续扩大

随着城投平台规模的迅速扩大，其资产负债率也呈现出不断攀升的趋势。城投平台的总资产和总负债在2010年底分别为13.42万亿元和7.6万亿元（见图1），到了2021年增幅分别达到9倍和9.74倍，年均增长率分别为23%和24%。城投平台的总负债占GDP的比重从2010年的32.56%升至2020年的121.05%。随着政策的收紧，城投平台的总负债占GDP的比重在2021

年小幅下降至118%，但是城投平台的资产负债率已经达到了60%左右，较最低点高出了将近7个百分点（见图2）。尤其是，250个城投平台的负债率在70%以上，其中近20个在90%以上。[1]

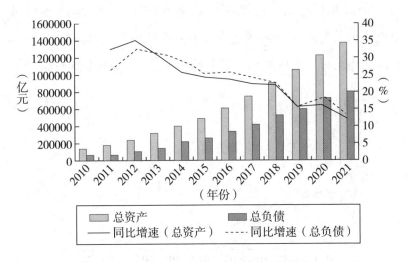

图1　城投平台总资产、总负债及同比增速

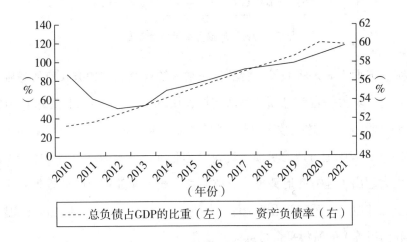

图2　城投平台总负债占GDP的比重及资产负债率

[1]　中国银行研究院.我国城投平台的发展历史、风险分析及相关建议 [EB/OL].
（2023–06–13）[2023–12–05].https://pic.bankofchina.com/bocappd/rareport/202306/
P020230613553870914014.pdf.

城投平台的负债率的升高，使得地方政府负债压力进一步加大。一方面，我国地方政府的隐性债务负担有所增加，但总体上仍在可控制的范围内。2021年年底，地方政府债务率达105.8%，较2017年低位增加了近9个百分点，2022年债务余额占GDP的比重为29.1%，较2017年增加了近9个百分点（见图3）。尽管我国地方政府的隐性债务规模不断扩大，但债务风险总体上还在可控范围之内，只有部分省市的债务风险比较高。[1]

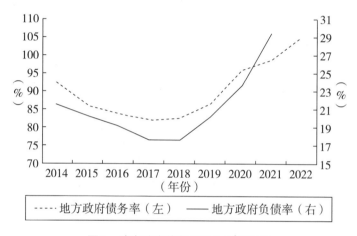

图3　地方政府债务率及负债率变化

另一方面，如果将城投平台的债务纳入统计范围，地方政府债务则将进一步扩大。城投平台带息债务不断增加，从2010年的5.7万亿元增长到2021年的55.03万亿元，这一数字增长了将近9倍，年均增长率为22.8%（见图4）。到2022年，我国地方政府负债已达到35万亿元。以上数字说明城投带息债务已经大大超出了地方政府债务。具体而言，我国南部省市的城投带息债务普遍高于北部地区，而东部沿海地区（如浙江和江苏）和中西部地区（如湖南、湖北和四川等）的城投平台带息债务偏高。

[1]　中国银行研究院.我国城投平台的发展历史、风险分析及相关建议[EB/OL].（2023-06-13）[2023-12-05].https://pic.bankofchina.com/bocappd/rareport/202306/P020230613553870914014.pdf.

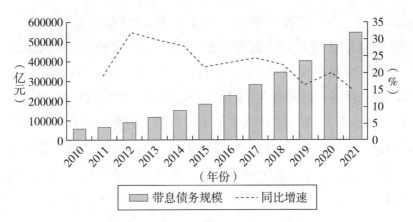

图4 城投平台带息债务规模及同比增速

城投平台债务水平的整体分布从层次上看，省级、市级和县级城投平台债务所占比重相差不大，带息债务的分布也比较平衡（见图5）。但是从各省具体情况来看，浙江和江苏主要集中在县级城投平台债务，占比超过60%。其中，浙江的城投平台债务总额中，县级占71.8%，省级和市级的城投平台债务占比相对较少。相比之下，中西部和东北地区的部分省份，如西藏和吉林，城投平台债务主要集中在地级市。[1]

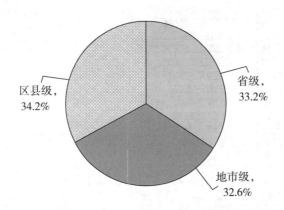

图5 城投平台债务的层级分布

　　[1]　中国银行研究院.我国城投平台的发展历史、风险分析及相关建议[EB/OL].（2023-06-13）[2023-12-05].https://pic.bankofchina.com/bocappd/rareport/202306/P020230613553870914014.pdf.

　　随着城投平台债务的增加，地方政府的负债负担不断上升。将城投平台的带息债务纳入统计后的数据显示，2021年我国地方政府的广义债务率和广义负债率分别高达259.5%和65.7%。其中，天津（530.0%）、北京（382.5%）、重庆（378.3%），是广义债务率全国最高的三个省（区、市）（图6）；广义负债率排名前三的分别是天津（129.7%）、甘肃（120.2%）和贵州（118.3%）（图7）。从绝对规模看，隐性债务风险的严峻程度已超过了显性债务风险，且在部分省（区、市）表现得较为突出。

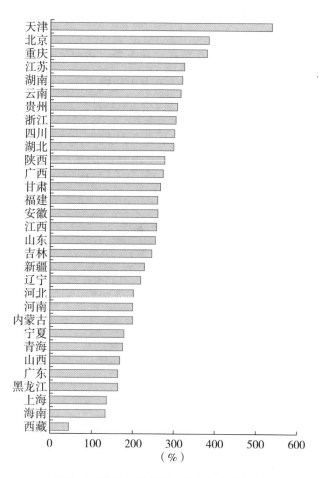

图6　2021年各省（区、市）广义债务率

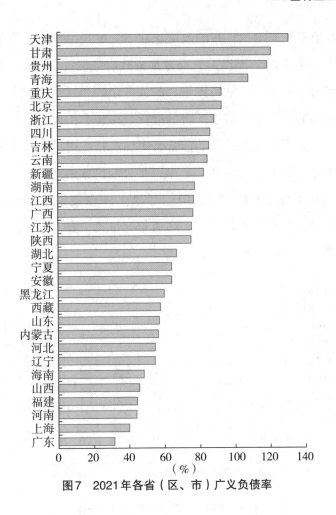

图7　2021年各省（区、市）广义负债率

（二）偿债压力上升，资金周转能力下降

随着地方政府财政的收紧和政策调控的日趋严格，城投平台的债务压力越来越大。再加上经济下行和疫情的双重影响，我国的税收收入不断减少，地方政府的财政收入也出现了明显的下降。新冠疫情对我国经济发展造成了显著冲击，为了稳定经济增长，财政通过扩大支出、减免税负等手段进行逆周期调节，这进一步加剧了财政收入的下降。与此同时，房地产市场陷入低迷，再加上政策上对房地产的调控持续趋严，导致地方政府的土地出让金收入显著减少。

在遏制地方政府举债扩张的政策导向下，城投平台的融资能力受到限制。国家不断强调"控增化存"、防范地方政府隐性负债扩大，使得城投平台的融资能力受到影响。从城投平台的债务余额和增长速度来看，在经济下行压力增加的情况下，城投平台的融资规模将会扩大。然而，随着经济形势的稳定，国家对城投平台的监管会更加严格，这进一步影响了城投平台的融资能力。截至2022年年底，城投平台的债务余额达到13.48万亿元，较2021年同期增长8.89%，只比2018年的城投平台债务同比增速高。（见图8）。另外，2022年全年累计发行4.86万亿元城投债券，较2021年同期减少12.8%（见图9）。

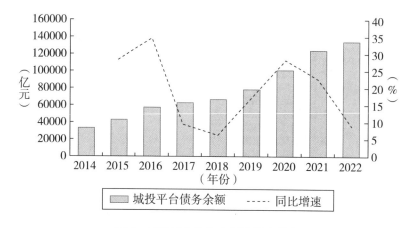

图8　城投平台债务余额及同比增速

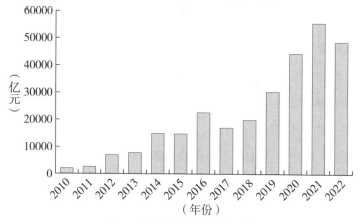

图9　城投债券各年发行规模

　　在融资渠道受到限制的情况下，城投平台的债务偿还压力不断加大。一方面，城投平台债务偿还能力不断下降。城投平台的有形资产与带息负债比例从2013年的1.82下降到了2021年的1.04，并且仍在下滑，这说明城投平台的资产对债务的覆盖能力逐渐减弱，甚至可能需要变卖全部有形资产，才能勉强还清全部的带息债务。此外，城投平台的经营活动产生的净现金流量和EBITDA（税息折旧及摊销前利润）对带息债务的覆盖能力也在不断下降。具体来看，2021年EBITDA与带息负债的比率为4.29%，远远低于历史最高值。而从2013年开始，经营活动产生的净现金流与带息负债的比例就下降到了0，2021年只有0.48%。这就说明，很多城投平台的正常经营活动所带来的收入，已经无法承担其债务（见图10）。

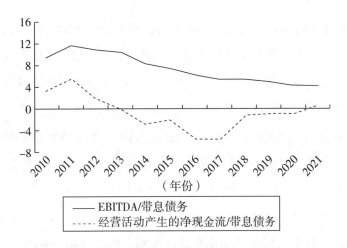

图10　EBITDA、现金净流量与带息债务比

　　另一方面，城投平台的付息能力也面临着巨大挑战。城投平台的利息保障倍数持续下降，从2012年的8.1倍逐渐降至2021年的3.08倍。与此同时，现金流利息保障倍数则长期为负，直到2021年才上升至0.05（见图11）。

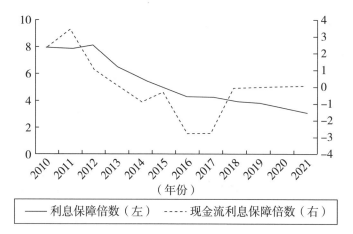

—— 利息保障倍数（左）　- - - - 现金流利息保障倍数（右）

图11　城投平台利息保障倍数和现金流利息保障倍数的变化

（三）信用风险逐渐显现，债务集中到期，偿债压力突现

城投平台的信用风险呈现上升的态势。根据已公布的资料，2016—2022年，城投平台债券共发生6起违约事件，其中仅有1起发生实质性违约。尽管还没有出现大量的城投平台债券违约，但是已经有大量的城投平台出现票据逾期的情况，这说明城投平台的信用风险已经逐渐显露出来。[1]

城投平台债券到期量的上升，使得城投平台的债务偿还压力加大。从城投平台债券的到期规模来看，现在已经处于城投平台债券到期的高峰期。2023—2026年，城投平台债券的到期规模超过2万亿元/年，其中2023年最为庞大，达到3.43万亿元（见图12）。在到期债务规模保持高位的同时，城投平台债务活期化态势也愈发突出，短期债务占比有所上升。2010年以来，城投平台流动负债占比呈"先降后升"态势，其中位数曾一度接近50%，在2017年降至低点，此后又持续上升至2021年的42%左右（见图13）。

---

[1]　中国银行研究院.我国城投平台的发展历史、风险分析及相关建议[EB/OL].（2023-06-13）[2023-12-05].https://pic.bankofchina.com/bocappd/rareport/202306/P020230613553870914014.pdf.

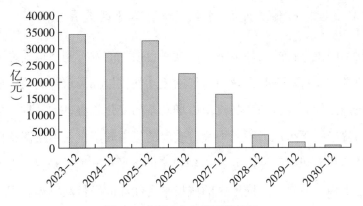

图 12　城投平台债券到期情况

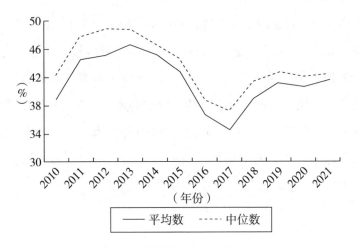

图 13　城投平台流动负债占比

　　在短期债务偿还压力加大的情况下，城投平台的盈利能力与短期债务偿还能力都面临严峻考验。从 2016 年开始，城投平台的货币资金占短期负债的比例不断下降。值得关注的是，城投平台的盈利能力也在持续下降，ROE（净资产收益率）中位数和平均数由 2010 年的 3.91% 和 5.57% 分别降至 2021 年的 1.5% 和 1.78%。随着国家对地方政府隐性债务的严格控制，城投平台的偿债能力和盈利能力都在不断下降，但是其到期的债务仍然很高。

（四）城投平台债券发行利率下降，各地区差异化明显

在利率中枢下行的大环境下，城投平台债券的发行利率也随之下跌。城投平台债券的发行利率是由货币市场的流动性供给和需求决定的。研究结果表明，我国国债的发行利率与货币市场利率的变化趋势基本一致。尤其是近几年，随着经济下行压力不断增大，政府的货币政策也在不断调整以稳定经济，主要的政策利率已经降至21世纪以来的最低点，城投平台债券的发行利率也随之下降。但是，不同地区的城投平台债券的发行利率却表现出显著的地区差别。在城投平台债券发行利率整体走低的背景下，不同地区债券发行利率呈现出冷热不均的现象。

尽管监管层一再强调，对于城投平台要坚持"中央不救助"的原则，"谁的孩子谁带走"，并且要打破政府的兜底预期，对城投平台进行分类改革，划清政企界限。但是两者之间的关系因历史原因很难彻底厘清，因此"城投平台违约"等同于"地方政府违约"的预期依然存在。在缺少稳定的现金流的情况下，如果信贷、债务等融资渠道被阻断，城投平台就有可能面临资金链断裂的风险。如何有效防控城投平台的债务风险，推进城投平台的转型，已成为当务之急。

第四节　地方城投平台转型路径

一、降低存量资产负债

（一）剥离、处置与清理存量低效且无效的资产负债

存量低效且无效资产负债一般是由功能型代建单位承担，包括道路、管网、电网等公共设施，以及医疗、文体、社区民生、市政和园区等工程，这些资产往往只具有部分经营属性，甚至完全没有经营属性，而其背后往往背负着

大量债务余额。这些低效且无效资产可以分成两类：一类是具有重大、示范性、引导性意义的资产；另一类是按照专业、职能分工、政企关系等因素划分，这类负债应尽量剥离出来，发掘其在具有更大业务整合和协同作用的国有企业中的价值，或者借机进行处置和清理。

（二）退出、盘活与变现政府功能性持有的权益类资产

这类资产一般是指按照国家指示所持有并操纵的股权，可以将其划分为国资战略型股权（包括金融类股权、战略性新兴产业股权、重要国资平台股权等）和财务投资型股权。应以政府指示为依据，结合适当的市场机会和合理价格，推动金融类股权通过市场化机制或资本市场的方式实现退出，或将其转化为其他资产。

（三）筛选、管控功能性任务

应结合项目自身盈利、资产负债等状况，设计合理的功能任务承担条件。同时，通过财政预算支持，补充和平衡资产资源，有效地控制低效且无效资产和债务的无序扩张。

二、优化市场化资本结构

在资产方面，一方面，对基础商业资产进行整合，并发行资产证券化产品，包括资产支持证券（ABS）、类不动产投资信托基金（类 RETTs）和基础设施公募 REITs。基础商业资产包括商业用房、商业商铺、租赁住房、商业基础设施和商业公用设施等。可以通过整合运营来提高收益，也可以基于整合资产包来发行资产证券化产品。这种融资方式具有发行周期长期、不受净资产的限制、不占用传统的债券融资工具额度、发行金额灵活以及监管和使用相对宽松等特点，是短期内盘活资金的有效方法。

另一方面，应积极探讨上市融资、股权融资和混合所有制改革等企业股权融资方式。作为落实《国企改革三年行动方案》要求的主体之一，地方城

投平台公司，在推进国有经济结构优化和实现市场化转型过程中，混合所有制改革（以下简称混改）是一个重要的选择。改革不仅有助于企业自身发展，还能为地方政府和地方的经济发展起到重要的支持作用。[1]

（一）混改助力市场化转型，提升核心竞争力

一个健全的市场化主体、一个独立的市场化经营、一个能够激发其活力的市场化机制，是城投平台公司市场化改革的主要要求。城投平台公司既要在市场竞争中保持盈利，又要承担相应的社会责任。城投平台公司之前的经营范围主要包括城市基础设施建设、区域开发、园区建设、房地产开发等。在这一过程中，混改对区县级城投平台公司的融资融智融机制起到了很大的推动作用。通过对业务布局的深入研究，可以补短板、强弱项，提高其市场影响力、经济活力和创新竞争力，使国有企业的资源配置效率和水平得到最大化的提升。

（二）混改聚合产业资源，优化产业布局

在转型发展的过程中，城投平台公司应坚持以产业投资为先导，以园区建设和运营为主线，聚焦主业，构建现代产业系统，促进产城结合。混改可以在资金、技术和人才等方面引入资源，同时还能将市场和渠道资源进行整合，为企业的发展提供更多的要素和资源，为实施"走出去"的战略和开发区域资源奠定坚实的基础。

（三）混改改善资本结构，降低债务风险

城投平台公司的借贷和投资方式，以及周期长、资金规模大的特点，使其资产负债率一直处于较高水平，再加上政府信用做背书，其本身的债

---

[1] 孙毅，朱啸.城投平台公司转型发展困局与解决路径探索[J].国有资产管理，2023（3）:58-67.

务风险在逐步加大的同时也带来了相当多的政府隐性债务。通过混合所有制改革，一方面可以借助战略投资者强大的融资能力，解决城投平台公司的债务问题，减轻其的偿债压力；另一方面，利用战略投资者的良好信用，提高市场化的融资能力，优化融资环境，拓宽融资渠道。

（四）混改倒逼治理机构优化，助力制衡治理体系构建

在区县级城投平台公司改革中，首先要进行治理结构的重构，其次要重构治理机制与监督机制。在混改的过程中，政府各职能部门要尽量减少对企业的行政干预，以出资人的身份，根据公司章程和运作方式来行使权力和义务。同时，要健全公司的治理结构，划分清楚政府和企业的行为边界，厘清所有权和经营权之间的关系，做好董事会表决权安排，帮助企业早日成为独立的市场竞争主体。

（五）混改助推市场化体制机制完善，激发企业活力

在城投平台公司改革的进程中，通过混改能够从市场上选拔优秀的职业经纪人，同时还能引入一批高级人才，从而真正建立起市场化的人才选拔和退出机制。在此基础上，按照增量引入、利益捆绑、以岗定股、动态调整等原则，开展员工持股改革的试点工作。通过增强骨干员工的企业责任感，充分发挥人才红利，并对其进行股权激励，使其与资本所有者成为命运共同体，从而激发公司发展的内生动力。

三、强化"管资本"的职能定位，助力优化产业布局

城投平台公司特有的"功能强而产业弱"的基因，使得城投平台公司在功能和产业方面都缺乏强大的能力驱动基础。因此，要想在定位上有所突破，就需要在功能与产业之间进行创新，多管齐下，才能取得发展。

尽管在过去，城投平台公司没有明确的行业定位，但通过多年代理当地政

府的代建和运营项目，其已经在城市、园区、公用事业等领域积累了相应的资源和业务能力，有些城投平台公司甚至在某一方面或者多方面形成了自身的优势，这为其在改革中的行业定位和业务模式的选择提供了有力的支撑。

尽管城投平台公司需建立以"能力驱动"为导向的功能和行业定位，但也要考虑到为当地建设和发展提供服务的任务，不再是过去的"被动接受者"，而是要用市场化的标准和方法，优化功能任务的承接方式。

地方城投平台公司应该从明确自身定位开始。一是，通过国资投资公司"管资本"的职能定位，打破原有"地方融资与基建的承接方"的定位限制，开启以"管资本"为核心的多元化行业投资发展的新局面。二是，确立以经营为导向的都市经营能力，明确基本产业的发展方向。在此基础上，打通"功能定位"与"产业定位"，将城市产业投资布局、城市资源经营、资本运作有机融合，形成投资、融资、建设、管理、运营五大板块，逐步成为横跨多板块产业投资、有着稳定的现金流收益的综合性国有资本运营公司，实现投贷平衡，构建"投—融—建—管—营"的良性发展闭环。

第五节　国有企业改革的成效

一、竞争能力增强

在国有企业改革之前，我国的社会生产力和经济发展速度都很慢，与世界主要经济大国相比有很大的差距。在国有企业改革的进程中，国有企业的发展步伐显著加快，其在经济中的作用与影响力不断增强，通过持续发展，逐渐成为重要的市场主体，其管理体制和运作机制都发生了根本性变化，国际知名度和竞争力显著提高。

党的十五大报告进一步做出了重要部署，促进大国企的发展，提高小企业的活力，并强调"要着眼于搞好整个国有经济，抓好大的，放活小的，对国有企业实施战略性改组"。党的十六大报告提出，"按照现代企业制度的要求，国有大中型企业继续实行规范的公司制改革，完善法人治理结构。推进垄断行业改革，积极引入竞争机制。通过市场和政策引导，发展具有国际竞争力的大公司大企业集团"。进一步为国有企业的改革和改造指明了方向，把重点放在了提高国有企业的国际竞争力上。

例如，宝钢集团有限公司作为制造业企业，连续多年跻身世界500强，排名从2004年的第372位提升到2024年的第44位。中国石油化工集团公司从2002年的第70位提升到2024年的第5位，中国移动通信集团公司在2024年排名第55位。

二、利税不断提高

党的十六大以后出台了一系列国有资产管理政策和制度，明确了各级地方政府对国有资产的保护和增值责任。国有经济是我国经济的主导力量，其影响力越来越多地集中在规模较大的企业和中央企业。2002年—2007年，中央企业缴纳的税额，由2914.8亿元增至8303.2亿元，平均每年增长23.29%。同时，社会资本和优质资源开始向大型国有企业集中，国有企业的营收能力不断增强，对国家税收的贡献率也越来越大。例如，2014年中国制造业500强的财务数据显示，国有企业在500强中占比65.35%的收入份额，并贡献了81.95%的纳税份额。国有企业的平稳发展，有助于维护社会公共权益，增强社会的安全感。

三、技术革新加快

国有企业在科技创新和技术改造方面取得了长足的进步。例如，1985年我国启动了科技体制改革，提出了"863计划""星火计划"等，这些计划为国有企业的发展提供了有力支持。浙江秦山核电站于1985年开工，1991年正式投产，标志着中国核电发展进入了一个全新的阶段。

国有企业通过多年的改革与发展，已经研发出了一系列具有国际竞争力的新技术与新产品，为企业的发展与产品升级提供了强有力的技术支撑，同时也为企业持续创新发展带来了新的增长点。近年来，中国航天科技集团为我国航天事业的发展做出了巨大的贡献。我国在这一领域取得了一批国际领先、具有代表性的科学和技术创新成果，显示出我国在这方面的强大实力和责任担当。

四、资产实现增值

改革开放以后，我国经济得到了快速发展。中央采取了一系列的措施来推进国有企业的改革，尽管国有企业还面临着很多棘手的问题，但是国有企业正在不断地弥补着自己的不足。在发展过程中，国有企业持续推动资产的保值、增值，努力保护国家和人民的财产安全，拥有了一定的生产规模和生产能力。

国有企业的迅速发展，其中一个重要目标是要实现国有资产的保值增值。一方面，企业资产的保值增值状况在某种程度上能够直观地反映出企业在资金规模、生产能力和经营状况等方面的真实状况。另一方面，一个企业的资产增值能间接地反映出企业的运营情况。所以，企业价值的真实状况也是有关部门对其进行评价的一个重要依据。国有资产既要维护社会基础运转，又要推动企业的发展。

2012—2017年，我国国有企业通过产权交易资金市场进行了8636亿元的产权转让，平均增值率为19.66%。其中包括宝钢和国电等在产能过剩的钢铁和煤炭等行业的中央企业；中航工业、中国石油等国有企业。这些改革措施对确保国有资产不流失、维护社会稳定、促进经济发展具有十分重要的作用，为实现社会的可持续发展奠定了坚实的基础。

五、海外市场拓宽

在改革开放的数十年里，我国国有企业加速向全球扩张。虽然前期国有企业中的大型跨国公司数量较少，发展水平有限，但是在中国的市场化进程中，特别是在党的十六大明确提出了"走出去"战略之后，很多国有企业走出国门，在国外市场进行了积极的开拓。许多在国外投资和设立工厂的国有企业，已经形成了独有的管理和运营模式，为其他企业"走出去"提供了榜样和借鉴。

当国有企业走出国门的时候，首要任务是用高质量的产品打开通向国外的大门。因为海外投资有一定的风险，而国有企业又缺少对国外市场的了解，因此必须通过产品出口来实现"走出去"的目标。在完成了"走出去"的第一个阶段后，这些企业已经在海外市场上积累了大量的经验。随后国有企业直接在国外进行投资和运作，从而在国际上站稳了脚跟，在世界各地建立起自己的业务，这是企业"走出去"的第二个阶段。目前，有些企业已经发展成了全球性的跨国公司，成为全球领先的企业。

随着中国经济的高速发展以及"走出去"战略的实施，国有企业的发展已经不再局限于国内，国外市场也为国有企业发展和投资提供了很好的平台。在全球化的大潮中，各国已经成为密不可分的整体，国有企业必须把握"走出去"的机会，继续拓展国外市场，增强自身实力。

例如，2012年，中国海洋石油集团有限公司购买了加拿大尼克森能源公司的全部流通股，并获得了地方法院及目标公司的股东的同意。这一并购活动极大提升了中海油的国际化水平，不但在国外赢得了良好的口碑，同时也为中海油在国外的业务带来了更大的收益。

六、服务水平改善

自改革开放以来，越来越多的国有企业在国际市场上拥有了强大的市场竞争力，走出国门，走向全球，在质量和效率上都取得了巨大的进步，国有企业已经与市场经济深度融合。经过数十年的不懈努力，我国国有企业的改革取得了长足进展。

国有企业在满足人们日益增长的物质需求方面扮演着重要的角色。国有企业是"全民所有制"，这就决定了国有企业是为人民服务的。在计划经济时代，我国实行计划经济体制，在此制度下企业的一切经营活动都要事先计划和安排，企业产出的产品种类有限，不能满足人民日益增长的物质需要。政府通过行政命令来分配资源，领导的决策具有很强的主观性，难以及时获得有用的信息，导致企业产品过时、单一，缺少创新，进而导致人民的物质生活水平非常低。随着改革开放的深入和市场化进程的加速，国有企业的竞争力和影响力得到了明显的提升，从而使人民的物质生活得到了极大的改善，人民群众的多种需要得到了满足。虽然国有企业在发展中存在着种种问题，但其发展和改革的过程就是一个不断修正和完善的过程。

第六节　相关政策

2012年，党的十八大作出了进一步深化国有企业改革的重要部署，为我国国有企业改革开启了新篇章。2013年11月，党的十八届三中全会审议并通过了《中共中央关于全面深化改革若干重大问题的决定》，对国有企业综合改革作出了总体部署。2015年8月，《中共中央　国务院关于深化国有企业改革的指导意见》（中发〔2015〕22号）中，提出了推进分类改革，完善现代企业制度，完善国有资产管理体制，发展混合所有制经济，加强监管，防止国有资产流失，加强党对国有企业的领导，为国有企业改革营造了有利的环境，提出了国有企业改革的目标与措施，是新时代对国有企业改革的指导性文件。随后印发若干配套政策文件形成"1+N"国企改革框架体系，搭建了国企改革的"四梁八柱"（见表2）。

表2　　　　　　　　　　　国有企业改革相关政策

政策目的	政策名称
总体要求	《中共中央　国务院关于深化国有企业改革的指导意见》（中发〔2015〕22号）
分类推进国有企业改革	《关于国有企业功能界定与分类的指导意见》（国资发研究〔2015〕170号）
	《关于完善中央企业功能分类考核的实施方案》（国资发综合〔2016〕252号）

续表

政策目的	政策名称
完善现代企业制度	《国务院办公厅关于进一步完善国有企业法人治理结构的指导意见》（国办发〔2017〕36号）
	《国务院办公厅关于印发中央企业公司制改制工作实施方案的通知》（国办发〔2017〕69号）
	《金融机构国有股权董事议案审议操作指引（2023年修订版）》（财金〔2023〕2号）
	《国务院关于改革国有企业工资决定机制的意见》（国发〔2018〕16号）
	《中央企业工资总额管理办法》（国务院国有资产监督管理委员会令第39号）
	《中央企业负责人经营业绩考核办法》（国务院国有资产监督管理委员会令第40号）
	《关于做好中央科技型企业股权和分红激励工作的通知》（国资发分配〔2016〕274号）
	《关于进一步做好中央企业控股上市公司股权激励工作有关事项的通知》（国资发考分规〔2019〕102号）
	《关于印发〈中央企业控股上市公司实施股权激励工作指引〉的通知》（国资考分〔2020〕178号）
	《中央企业公司章程指引（试行）2021版》
	《"双百企业"推行经理层成员任期制和契约化管理操作指引》《"双百企业"推行职业经理人制度操作指引》
完善国有资产管理体制	《国务院关于改革和完善国有资产管理体制的若干意见》（国发〔2015〕63号）
	《国务院办公厅关于转发国务院国资委以管资本为主推进职能转变方案的通知》（国办发〔2017〕38号）
	《国务院关于推进国有资本投资、运营公司改革试点的实施意见》（国发〔2018〕23号）

政策目的	政策名称
完善国有资产管理体制	《国务院关于印发改革国有资本授权经营体制方案的通知》（国发〔2019〕9号）
	《国务院国资委关于以管资本为主加快国有资产监管职能转变的实施意见》（国资发法规〔2019〕114号）
	《关于进一步推动构建国资监管大格局有关工作的通知》（国资发法规〔2019〕117号）
	《关于印发〈国务院国资委推进国资监管法治机构建设实施方案〉的通知》（国资发法规〔2016〕134号）
	《关于印发〈关于全面推进法治央企建设的意见〉的通知》（国资发法规〔2015〕166号）
	《关于印发〈中央企业主要负责人履行推进法治建设第一责任人职责规定〉的通知》（国资党发法规〔2017〕8号）
	《关于印发〈中央企业合规管理指引（试行）〉的通知》（国资发法规〔2018〕106号）
	《国务院办公厅关于推动中央企业结构调整与重组的指导意见》（国办发〔2016〕56号）
	《关于加强国有企业资产负债约束的指导意见》
	《科技部　国资委印发〈关于进一步推进中央企业创新发展的意见〉的通知》（国科发资〔2018〕19号）
	《百户科技型企业深化市场化改革提升自主创新能力专项行动方案》
	《国资委　知识产权局关于印发〈关于推进中央企业知识产权工作高质量发展的指导意见〉的通知》（国资发科创规〔2020〕15号）
	《财政部关于进一步规范和加强行政事业单位国有资产管理的指导意见》（财资〔2015〕90号）
	《关于贯彻落实〈中共中央　国务院关于完善国有金融资本管理的指导意见〉的通知》（财金〔2018〕87号）
	《国务院办公厅关于印发国有金融资本出资人职责暂行规定的通知》（国办发〔2019〕49号）

续表

政策目的	政策名称
完善国有资产管理体制	《关于印发〈国有金融资本产权登记管理办法（试行）〉的通知》（财金〔2019〕93号）
	《关于印发〈国有金融资本产权登记专项工作实施方案〉的通知》（财办金〔2020〕101号）
	《关于印发〈规范产权交易机构开展金融企业国有产权交易管理暂行规定〉的通知》（财金〔2020〕92号）
	《关于进一步明确国有金融企业增资扩股股权管理有关问题的通知》（财金〔2019〕130号）
	《关于印发〈国有金融企业集中采购管理暂行规定〉的通知》（财金〔2018〕9号）
	《基本建设财务规则》（中华人民共和国财政部令第81号）
	《财政部关于印发〈国有企业境外投资财务管理办法〉的通知》（财资〔2017〕24号）
	《财政部关于印发〈中央国有资本经营预算管理暂行办法〉的通知》（财预〔2016〕6号）
	《财政部关于印发〈中央国有资本经营预算支出管理暂行办法〉的通知》（财预〔2017〕32号）
	《国务院关于印发划转部分国有资本充实社保基金实施方案的通知》（国发〔2017〕49号）
	《关于全面推开划转部分国有资本充实社保基金工作的通知》（财资〔2019〕49号）
	《关于印发〈国资监管提示函工作规则〉和〈国资监管通报工作规则〉的通知》（国资发监督规〔2020〕4号）
	《关于印发〈国资委规范性文件制定管理办法〉的通知》（国资发法规〔2020〕7号）
	《关于加快推进国有企业数字化转型工作的通知》
	《关于印发〈有限合伙企业国有权益登记暂行规定〉的通知》（国资发产权规〔2020〕2号）

续表

政策目的	政策名称
发展混合所有制经济	《国务院关于国有企业发展混合所有制经济的意见》（国发〔2015〕54号）
	《关于印发〈关于国有控股混合所有制企业开展员工持股试点的意见〉的通知》（国资发改革〔2016〕133号）
	《关于深化混合所有制改革试点若干政策的意见》（发改经体〔2017〕2057号）
	《国家发展改革委办公厅关于印发〈国有企业混合所有制改革相关税收政策文件汇编〉的通知》（发改办经体〔2018〕947号）
	《关于印发〈中央企业混合所有制改革操作指引〉的通知》（国资产权〔2019〕653号）
	《关于鼓励和规范国有企业投资项目引入非国有资本的指导意见》
	《关于印发〈国有科技型企业股权和分红激励暂行办法〉的通知》（财资〔2016〕4号）
	《关于中央企业加强参股管理有关事项的通知》（国资发改革规〔2019〕126号）
强化监督防止国有资产流失	《国务院办公厅关于加强和改进企业国有资产监督防止国有资产流失的意见》（国办发〔2015〕79号）
	《关于建立中央企业资产评估项目公示制度有关事项的通知》（国资发产权〔2016〕41号）
	《关于加强中央企业评估机构备选库管理有关事项的通知》（国资发产权〔2016〕42号）
	《关于印发〈关于加强中央企业内部控制体系建设与监督工作的实施意见〉的通知》（国资发监督规〔2019〕101号）
	《国资委办公厅关于加强重大经营风险事件报告工作有关事项的通知》（国资厅发监督〔2020〕17号）
	《关于印发〈关于深化中央企业内部审计监督工作的实施意见〉的通知》（国资发监督规〔2020〕60号）

续表

政策目的	政策名称
强化监督防止国有资产流失	《企业国有资产交易监督管理办法》 （国务院国有资产监督管理委员会　中华人民共和国财政部令第32号）
	《中央企业投资监督管理办法》 （国务院国有资产监督管理委员会令第34号）
	《中央企业境外投资监督管理办法》 （国务院国有资产监督管理委员会令第35号）
	《上市公司国有股权监督管理办法》 （国务院国有资产监督管理委员会　中华人民共和国财政部　中国证券监督管理委员会令第36号）
	《关于进一步明确非上市股份有限公司国有股权管理有关事项的通知》 （国资厅产权〔2018〕760号）
	《关于推进中央企业信息公开的指导意见》 （国资发〔2016〕315号）
	《国务院办公厅关于建立国有企业违规经营投资责任追究制度的意见》 （国办发〔2016〕63号）
	《中央企业违规经营投资责任追究实施办法（试行）》 （国务院国有资产监督管理委员会令第37号）
	《关于做好2020年中央企业违规经营投资责任追究工作体系建设有关事项的通知》 （国资厅发监责〔2020〕10号）
	《关于印发〈中央企业违规经营投资问题线索查处工作指引〉的通知》 （国资发监责〔2020〕62号）
	《关于印发〈中央企业禁入限制人员信息管理办法（试行）〉的通知》 （国资发监责规〔2019〕131号）
	《关于切实加强金融衍生业务管理有关事项的通知》 （国资发财评规〔2020〕8号）
加强和改进党对国有企业的领导	《中共中央办公厅印发〈关于在深化国有企业改革中坚持党的领导加强党的建设的若干意见〉》
	《中央纪委驻国资委纪检组印发中央企业构建"不能腐"体制机制的指导意见》
	《中国共产党国有企业基层组织工作条例（试行）》

政策目的	政策名称
为国有企业改革创造良好环境条件	《国资委关于贯彻落实〈中共中央　国务院关于深化国有企业改革的指导意见〉的通知》 （国资发研究〔2015〕112号）
	《国务院关于印发加快剥离国有企业办社会职能和解决历史遗留问题工作方案的通知》 （国发〔2016〕19号）
	《国务院办公厅转发国务院国资委、财政部关于国有企业职工家属区"三供一业"分离移交工作指导意见的通知》 （国办发〔2016〕45号）
	《关于印发〈铁路、烟草、邮政以及其他中央部门管理企业职工家属区"三供一业"分离移交中央财政补助资金管理办法〉的通知》 （财资〔2016〕35号）
	《国资委　公安部　财政部关于国有企业办消防机构分类处理的指导意见》 （国资厅发改革〔2017〕79号）
	《国务院国资委、民政部、财政部、住房城乡建设部关于国有企业办市政、社区管理等职能分离移交的指导意见》 （国资发改革〔2017〕85号）

第二章

混合所有制改革研究

第一节　混合所有制改革的定义及内涵

国有企业混合所有制改革就是在国有独资企业和国有控股企业中引进非国有资本，让非国有资本参与到企业的管理和经营之中，将一些决策权交给非国有资本，并将非国有资本的公司治理思想融入其中，以此健全国有企业的治理结构，转变国有企业的管理机制，提升国有企业的运营效率，使各种所有制资本之间能够相互制衡，最终实现国有资产的保值增值。

在实际操作中，我国国有企业通常采用三种形式引入非国有资本，即员工持股、整体上市和引进战略投资者。员工持股是企业内部员工通过购买企业股份的方式成为股东。在制订员工持股计划时，根据员工对企业的贡献来确定持股的范围和比例，不仅是对优秀员工贡献的肯定，同时能激励其他员工。另外，员工持股计划的实施使持股员工与企业结成利益共同体，增强员工对企业的归属感和认同感，使员工更加积极地监督企业行为，对企业的经营活动产生积极影响。

整体上市的实质是对国有资产进行证券化，使其具有一定的流动性。整体上市之后，国有企业能够通过证券的流动性来实现国有资产的高效配置，同时证券市场的规则和程序也有助于提升国有企业治理信息的透明度。

战略投资者是指那些与国有企业具有相同发展取向、能够充分发挥自身经营管理优势的高质量企业投资者。战略投资者与金融投资者的区别是，金融投资者更重视企业的短期业绩，很少涉及企业的经营管理，而战略投资者则较多地介入混合改革企业的战略规划和运营管理，更关注企业的长期发展。引进战略投资者的关键在于要筛选合适的，即从契合度、自身优势、综合实力等方面，选择最合适的战略投资者。

混合所有制改革是实现国有资本和国有企业做强做优做大的关键手段，也是共享改革成果、推动共同富裕的重要路径。随着"双百行动"的实施，涌现出一批具有代表性的混改样板，"科改行动"催生了科技型国有企业高质量发展的先行者，而国有企业改革三年行动则是对"1+N"政策体系的全面实施，从点到面逐步深化，形成了全新的混合所有制改革格局。目前，学界关于混合所有制改革政策效应的研究多聚焦国有企业，提出通过完善激励机制、选拔机制和监管机制来提升公司治理效能，并通过发挥外来股东的治理作用来抑制国有企业的过度投资，从而提升企业的投资效率和治理水平。

什么是混合所有制？何谓混合所有制改革？两者之间到底是什么关系？对混合所有制改革的研究，必须厘清这三个问题。混合所有制是指不同性质的所有制主体通过交叉持股、相互融合，共同拥有同一企业产权的经济组织形式。从宏观上看，混合所有制既包含公有制又包含私有制，这是我国基本经济制度的重要表现形式。在微观企业层面，混合所有制是一种多元化的企业资本构成，将公有制与私有制相结合，在现代产权制度的基础上实现了利益的共享。国有企业混合所有制改革是从单一国有股东持股向国有大股东与非国有大股东共同持股转变的微观举措。经过40多年的发展，我国混合所有制改革已经达到了一个新的高度，其内涵绝非简单地将各类资产进行混合，而是各种经营体制的深层次整合以及优势资源的有效利用。"混资本"作为一种方式，可以使股东更好地参与公司经营，从而使公司经营机制得到进一步优化。然而，资本整合必须由市场来决定，不然就会出现非国有企业股东向国有企业妥协的情况，这就违背了混合所有制改革的初衷。2019年，国资委发布了《中央企业混合所有制改革操作指引》，该文件规范了混合所有制改革操作流程，明确通过市场化方式推进混合所有制改革，推动混改企业切实转变运营机制。

在"双循环"新发展格局下，混合所有制改革是国有企业改革的重要内容，既是对公有制多元实现方式的创新探索，也是国有企业与市场经济深度结合的实践。

一般来说，国有企业混合所有制改革就是要把"完善治理、强化激励、突出主业、提高效率"作为基本目标，以市场机制为基本原理，把各种所有权资本，包括民营资本、国外资本等，引入国有企业，使其发挥各自的优势，一起参与到企业的管理和治理之中，完善企业治理机制，使企业能够在市场竞争中持续释放活力，提升核心竞争力，从而实现国有资产保值增值。

一、理论基础

马克思主义所有制理论并未涉及混合所有制的概念，混合所有制是中国共产党在中国特色社会主义建设的探索过程中，形成的马克思主义所有制理论中国化的理论成果。

第一，混合所有制理论是对马克思主义所有制理论的拓展。在《资本论》中，马克思对资本主义的特殊所有制形式作出了客观的评价，并据此对其历史暂时性及其被新型所有制所替代的历史必然性进行了探讨。马克思对未来的社会所有制形式也做了一些尝试性的设想，认为未来社会将是"自由人联合体"，并提出重建"个人所有制"的观念。马克思在《资本论》中谈到了股份制与股份合作的问题，他认为股份制是资本的一种社会形式，以社会资本（即联合起来的个体的资本）为基础，其商业行为同私有企业相反，是一种社会企业。它是在资本主义生产方式的范畴之内对资本的一种扬弃。马克思把股份制看作一种资本组织作用，能够集中社会资本，但对股份制和股份合作制理论的具体构造没有进行充分的探讨。马克思的"股份合作"等产权理论在中国特色社会主义混合所有制的基础上得到了进一步发展。

第二，混合所有制理论是马克思主义所有制理论中国化的具体表现。混合所有制理论是马克思所有制理论和中国特色社会主义实际相结合的重要理论。本书认为，我国国有企业的发展历程是与我国社会主义所有制改革是同步推进的。我国特色社会主义所有制改革的进程中嵌入了混合所有制改革，其发展经历了社会主义所有制结构（公有制和非公有制的性质、地位、关系）到社会主义所有制的实现方式，再到社会主义所有制的新发展（国有企业的现代化治理，混合所有制的全面深化改革）。从所有制结构上看，改革开放以来，随着社会生产关系的不断调整，党对公有制与非公有制经济关系的认识逐步完善。公有制与非公有制经济的关系历经"高度集中、单一公有—公有为主、非公有为补充—公有为主、非公有并存—公有与非公有都是社会主义市场经济重要组成部分"的演变，混合所有制的理论不断发展完善。从所有制的实现形式看，改革开放以来，我国的经济体制变革先后历经"高度集中的计划经济—有计划的商品经济—计划为主、市场调节为辅—市场在资源配置中起基础作用的社会主义市场经济体制—市场在资源配置中起决定作用的社会主义市场经济体制—发挥市场在资源配置中的决定作用和更好发挥政府作用的社会主义市场经济体制等"阶段。经济体制的变革推动了所有制实现形式的多样化发展。以计划为代表的公有制与以市场为代表的非公有制，以股份合作制为载体，以股份制为方式，实现了有机结合。从我国社会主义所有制理论的最新发展看，这体现了基本的、原则性的创新，包括所有制结构的创新、公有制与非公有制的地位和关系的创新以及所有制实现方式的创新。

二、实践成果

我国混合所有制改革的实践是对生产力和生产关系辩证统一的生动诠释。在改革开放之前，计划经济体制下的生产关系制约了生产力的发展。而非公有制经济具有较高的运作效率和市场活力，混合所有制改革通过引入非公有制经济的优势，提升国有企业的经营效率，实现从单一所有制向多种所有制共存的转变，混合所有制改革效果显著。

需要指出的是，有些人把混合所有制改革等同于"公私合营"。而事实上，"公私合营"和"混合所有"这两个概念虽有联系，但又有着明显的不同。

"公私合营"和"混合所有"都是在多种所有制共存的情况下，对社会主义经济发展进行的有益探索，它们的基本目标是一致的，即发展社会主义经济。此外，"公私合营"和"混合所有"在形式上也有相似之处，都是以公司的形式，将"公有"与"非公有"结合在一起开展生产和运营。但"公私合营"本质上是单一公有制公司，而"混合所有"则是基于股份合作的混合所有制公司。

"公私合营"和"混合所有"虽然有相似之处，但两者的差别更大。第一，"公私合营"是指私有企业参与国有企业，自愿放弃所有权和经营收益，仅按规定的利率获得一定的分红。相比之下，"混合所有"改革是渐进的，从国有企业放权让利、扩大经营自主权，到股份合作制下的国有企业单向入股的混合，再到相互参股的双向混合改革，都离不开公有制和非公有制经济之间关系的不断调整与完善。第二，两者在发展方向上存在明显的差异。"公私合营"旨在通过公有化改造私有企业，建立一个社会主义的计划经济体系，同时不损害社会生产力。混合所有制改革经历了多个阶段，其目标不是单一的"混合所有"，而是形成以公有制为主，多种所有制并存的结果。厘清"公"与"私"之间的区别和联系，有助于我们更好地认识"混合所有"这一过程中生产力和生产关系之间的辩证统一。

三、阶段性表现

首先，混合所有制改革具有阶段性体制属性。自改革开放以来，我国经历了"计划经济—计划为主，商品调控为辅—社会主义市场经济"三个阶段的制度变迁。我国经济发展的阶段性，使我国的混合所有制改革也呈现出阶段性特征。从改革层面来看，混合所有制改革从宏观产权向微观企业治理转变，前期侧重宏观结构的定性规制，改革效果不佳，而将重点转向企业微观治理结构后，改革范围扩大，涉及的内容更加丰富，改革效果显著。从改革的深度来看，单个领域、单个企业进行的混合所有制改革，逐步拓展到多个领域、多个地区、多个企业的全面深化改革。在改革方向上，改革开放以后的混合所有制的股份制改革，由国有企业吸收非公有制企业的单向混合所有制，转向了公有制和非公有制的双向混合，增强了互补作用。从整个混合所有制改革的历程来看，它一直强调要建立符合社会主义经济改革与发展要求的社会所有制结构，并在社会主义市场经济体制下完善现代公司治理机制。

其次，混合所有制改革体现"公"与"私"关系的阶段性调整特征。国有企业效能改革以及非公有制经济发展带来的利益，让混合所有制不仅能够使国有经济的控制力和影响力得到最大限度地发挥，还增强了经济效率和活力。从宏观上看，以国有经济为代表的公有制经济在国民经济中起着主导作用，这是对社会主义所有制结构的本质要求，而混合所有制改革也是在保持国有企业主体地位的基础上进行的。新时期的混合型所有制结构中，公有制的主导地位并非体现在总的支配地位上，而在于其对公共财产的控制与影响。从微观角度来看，我国国有企业改革的重点在于建立现代法人治理结构。民营经济作为中国特色社会主义市场经济的重要组成部分，具有产权清晰、经营效率高的优点，能够为国有企业的现代化改革提供持续不断的竞争力，并为国有企业的微观治理提供有益的借鉴。新时期国有企业改革的主要内容是要积极创建产权清晰、治理有序的现代企业，确保宏观上的社会主义的定性原则不发生变化。现阶段，国有企业改革聚焦产权改革、从"管资产、管人事"向"管资本"转换以及加强党的领导。纵观混合所有制改革的全程，公有制经济与非公有制经济的关系经历了"对立—公有为主、非公有为辅—公有与非公有都是社会主义市场经济重要组成部分"的发展过程。"公"与"私"关系的变化，体现在混合所有制改革措施的阶段性调整中。

最后，混合所有制改革体现了国有企业改革和民营企业发展的阶段性变化。混合所有制改革从"混"走向"合"，从"数量""结构"等定性规范向微观层面的现代企业"内部管理"转变。国有企业具有的双重属性（企业属性和社会属性），使其无论是放权让利，还是进行股份制改革，都必须既突出市场效率与活力，还体现社会主义的普惠和公平。民营企业的发展离不开社会主义市场，民营企业虽然在促进社会生产力发展、吸纳就业和解决民生等方面发挥着重要作用，但也存在着资本会无序扩张的问题。混合所有制改革就是要发挥国有企业与民营企业各自的优势，实现扬长避短。混合所有制改革的目的在于通过提升运作效率与市场活力来增强国有企业的竞争意识,进而提升其市场化效率与公司治理水平,同时以国有企业自身的属性为导向,带领民营企业良性发展。通过混合所有制改革,国有企业和民营企业可以实现共同发展,共享发展成果。

第二节　混合所有制改革发展历程

在宏观与微观两个层次上,混合所有制的概念存在差异。在宏观层面,混合所有制更侧重于对我国社会主义市场经济体制下所有制结构的描述,即一种非单一的所有制。也就是说,在社会主义市场经济体系中,不仅包括以国有企业和集体经济为代表的公有制经济,还包括私营经济、个体经济和外资企业,形成了以公有制为主、多种所有制并存的所有制结构。在微观层面,混合所有制是指不同所有制性质的企业之间的产权结合,主要体现为所有权的非单一性。我国的混合所有制改革随着社会主义所有制的演进,各种所有制关系发生了相应的变化,形成了多种形式的社会主义所有制形式。

一、1978年—1992年:混合所有制开始萌芽

1978年,党的十一届三中全会提出要把工作重心放到经济建设上,建立以计划经济为主、市场调节为辅的经济体制,标志着我国经济制度进入计划经济时期。1984年,党的十二届三中全会通过的《中共中央关于经济体制改革的决定》明确指出,"商品经济的充分发展,是社会主义经济发展的不可逾越的阶段,是实现我国经济现代化的必要条件",并将我国实行的计划经济定性为"有计划的商品经济"。1987年,党的十三大报告提出"国家调节市场,市场引导企业"理论,这是"有计划的商品经济"理论的进一步发展。在国有企业经营体制改革期间,改革的重点是扩大企业的经营自主权,没有涉及

企业产权变化和混合所有制的具体内容。此后，股份制改革尝试逐渐产生了多种所有制混合经营的理念，混合所有制开始萌芽。在这个阶段，怎样才能有效打破计划经济下的单一公有制束缚，激发国有企业的活力与效率，对公有制企业与其他非公有制企业在发展社会生产力中的角色进行科学的理解，成为所有制改革的核心问题。

这一时期，我国的混合所有制开始萌芽，其前提是国有企业内部的改革与调整。从所有制结构来看，单一公有制的缺陷越来越明显，社会所有制的结构逐渐打破了单一公有制的束缚，非公有制经济得到了发展，并且呈现出了多样化的发展趋势。以国有企业经营机制改革为核心的改革举措中，与外资合作经营的发展方式在东部沿海地区兴起。尽管这种改革仅在公有制经济范围内进行了部分调整，但当经营推动的非公有制经济以股份制形式加入公私合营企业时，混合所有制已经开始萌芽。这一阶段的混合所有制只局限于企业层次的部分产权混合，在国有企业和外商合资经营中，非公有制的地位及关系得到了初步的恢复和发展。在所有制的实现形式方面，国有企业微观治理改革先后经历了放权让利、两权分离和初期的股份制改革等阶段。国有企业在生产计划、产品销售、资金使用等方面拥有了自主权。无论是放权让利还是两权分离改革，国有企业改革只是一种内部经营机制的调整，其根本目标是激活国有经济，使其成为真正的市场主体。这一时期国有企业的生产、经营效率与活力虽有提升，但尚未深入到混合经营体制的变革之中。

从这一阶段国有企业管理体制改革的效果来看，它推动了从有计划的商品经济体制向社会主义市场经济体制的转型，没有完全否定市场的运作机制，为个体经济、私营经济和外资经济等非公有制经济提供了发展的空间。这一时期的股份制改革为下一步的混合所有制改革积累了宝贵的实践经验。国有企业管理机制的改革，解决了计划经济条件下国有企业运行和管理效率低下的问题，使社会主义所有制结构产生了新的变化，为实现多种所有制形式的共同发展打下了坚实的基础。

二、1992 年—2003 年：混改初步开启

　　1992 年，党的十四大报告提出了"建立社会主义市场经济体制"的改革目标，拉开了新一轮经济制度改革的序幕。我国社会主义市场经济体制改革是调整社会主义所有制结构、建立现代企业制度，推动国有企业的产权多元化改革。党的十四大报告中明确提出了"在所有制结构上，以公有制包括全民所有制和集体所有制经济为主体，个体经济、私营经济、外资经济为补充，多种经济成分长期共同发展，不同经济成分还可以自愿实行多种形式的联合经营"的改革方向。1993 年，党的十四届三中全会指出，以公有制为主体的现代企业制度是社会主义市场经济体制的基础，国有企业改革的方向是建立"产权清晰、权责明确、政企分开、管理科学"的现代企业制度，"财产混合所有"的概念第一次被提出。1997 年，党的十五大提出"公有制为主体，多种所有制经济共同发展，是我国社会主义初级阶段的一项基本经济制度"，"非公有制经济成为我国社会主义市场经济的重要组成部分"。1999 年，党的十五届四中全会提出"发展混合所有制经济"，"积极探索公有制的多种有效实现形式"，"国有大中型企业尤其是优势企业，宜于实行股份制的，要通过规范上市、中外合资和企业互相参股等形式，改为股份制企业，发展混合所有制经济，重要的企业由国家控股"，"国有资本通过股份制可以吸引和组织更多的社会资本"。以上　系列改革方向指引的发布标志着混合所有制改革开始从多种所有制并存的所有制结构调整向多种所有制企业实行股份合作经营的微观改革转变。这个时期的混合所有制改革重点是将国有企业改造成符合市场经济要求的现代企业，以更好地适应社会主义市场经济体制。

　　随着我国社会主义市场经济体制的不断完善，我国的混合所有制改革也在加速推进。从所有制结构来看，公有制与非公有制经济的地位、关系发生了显著变化。在实行社会主义市场经济体制改革以后，我国的所有制结构从以公有制为主体、非公有制为补充转向以公有制为主体、多种所有制共同发

展，确立了混合所有制的地位。从所有制实现方式来看，我国的股份制改革取得了长足进步。股份合作制是公有制和非公有制经济的特殊表现形式，它打破了计划和市场的对立，在社会主义市场经济条件下，使公有制能够和市场有效地结合起来。与此同时，国有企业也在积极推进"抓大放小"的改革战略，着力解决国有企业规模过大、同质化竞争和重复建设等突出问题。国有企业的布局策略也进行了重大调整，大型国有企业集中于事关国民经济命脉的重要行业，为经营不善的中小国有企业放开市场准入，让非公有制经济成分进入市场竞争。在国有企业改革的进程中，混合所有制改革不断向前推进。我国的混合所有制改革已经进入企业产权制度改革阶段。各种所有制成分的联合经营和产权的相互融合与流动，构成了多种类型的混合所有制结构。在企业的微观治理层面，初步形成了以混合经营为主的多种产权结构，股份制是公有制经济的一种有效实现方式。

从所有制改革的效果来看，我国社会主义市场经济体制改革的目的是要把所有制改革推进到微观层面，实现多种所有制的混合经营。国有企业改革的重点是"抓大放小"战略，这一战略不仅让市场的发展空间得到了拓展，还为非公有制经济与公有制经济的股份制合作改革开拓了一条道路。国有企业改革的目标是把国有经济做大，从而确保国有经济的控制力和影响力。股份合作制下的混合经营，使非公有制经济的市场活力得到了更好的激发。但是在"抓大放小"的国有企业改革中，也存在着一些国有企业资产流失和少数人借混改名义侵吞国有资产的现象。

三、2003 年—2013 年：制度发展

这一阶段，产权改革成为我国混合所有制改革的焦点。2003 年，党的十六届三中全会明确指出，"要适应经济市场化不断发展的趋势，进一步增强公有制经济的活力，大力发展国有资本、集体资本和非公有资本等参股的混合所有制经济，实现投资主体多元化，使股份制成为公有制的主要实现形式"。同年，国资委的成立进一步推进了我国的混合所有制改革。2007 年，党

的十七大提出要"坚持平等保护物权，形成各种所有制经济平等竞争、相互促进新格局"。2012年，党的十八大提出"保证各种所有制经济依法平等使用生产要素，公平参与市场竞争、同等受到法律保护"。我国混合所有制改革从宏观所有制结构调整转向微观企业产权重组与产权清晰化的现代企业制度建设得到了理论上的支撑，国有企业混合所有制改革的范畴拓展到了生产要素配置方面。

这一阶段的混合所有制已成为我国社会主义所有制的重要组成部分。公有制与非公有制经济密切联系，公有资本与非公有资本通过竞争实现更密切合作。以国有企业分类改革与"放管服"改革为契机，公有资本和非公有资本以股份制形式进行混合经营，特别是通过引入战略投资者等方式，将非公有资本引入国有企业改制过程中，推动公有制与非公有制经济深度融合。这一时期的混合所有制改革主要是由公有资本吸收非公有资本展开合作。国有企业产权制度改革的关键在于重塑国有企业的产权结构，解决国有企业产权虚化的问题，使国有企业真正成为市场的主体。国资委的设立，推动了国有企业"政企分离"，加快了国有企业向现代企业转变的步伐。公共资本和非公有资本在产权清晰的情况下进行混合经营，成为我国社会主义所有制的重要实现方式。

这一阶段的改革取得了显著成效。在混合所有制改革不断深化的同时，国有企业分类改革也实现了重大突破，在不影响国有企业控制权和影响力的基础上，对国有企业进行精细化分类，使国有企业的控制力和影响力得到进一步增强。以股份合作公司为代表的混合所有制企业，正逐渐成为社会主义市场经济体系中不可缺少的一部分，公有制与非公有制经济的合作和联系得到了进一步的加强，体现了"两个毫不动摇"的原则。在法人治理方面，我国现代企业治理体系不断健全，国有资本和民营资本相互渗透。

四、2013 年至今：全面深化改革

2013年，党的十八届三中全会提出，我国的社会主义市场经济体制改

革进入全面深化改革的攻坚期，国有企业改革也进入全面深化改革期。这一时期，国有资本、集体资本和非公有资本交叉持股、相互融合的混合所有制经济，是基本经济制度的重要实现形式，标志着国有企业混合所有制改革进入全面深化改革阶段。2015 年，中共中央、国务院印发了《关于深化国有企业改革的指导意见》，明确鼓励国有资本以多种方式入股非国有企业，并在混合所有制改革的框架下，对企业员工持股问题进行研究。2017 年，党的十九大提出要不断坚持和完善我国社会主义基本经济制度，坚持"两个毫不动摇"，深入推进国有企业混合所有制改革，尤其是完善国有资本授权经营体制改革，推动国有资本做强做优做大，同时积极培育具有全球竞争力的世界一流企业，以之作为国有企业改革的主要目标。国有资产监管体制改革转向"管资本"，与国有企业做强做优做大的混合所有制改革相匹配。2019 年，党的十九届四中全会提出"探索公有制的多种实现形式，推进国有经济布局优化和结构调整"，强调国有企业混合所有制改革路径应该在国有经济空间布局优化和结构调整中推进。

2020 年，《国企改革三年行动方案（2020—2022 年）》提出要积极稳妥深化混合所有制改革，促进各类资本优势互补、协同发展，重点推进国有资本投资、运营公司出资企业和商业一类子企业混合所有制改革，稳妥推进商业二类子企业混合所有制改革，有序推进具备条件的公益类企业投资主体多元化，强化对混合所有制改革的全过程监管，切实防止国有资产流失。我国正处于全面深化改革时期，"两个毫不动摇"是实现混合所有制改革成功的关键所在。

在所有制结构方面，党的十九届四中全会将"公有制为主体、多种所有制共同发展"上升为社会主义基本经济制度，使我国混合所有制格局在很大程度上得到了巩固。从"公有"与"非公有"两个方面来看，在全面深化混合所有制改革的过程中，国有经济和民营经济等非公有制经济在市场上的地位仍有待提升。因此，"国民共进"的相互促进发展关系，就成了改革的一个重要方向。全面现代化的混合所有制企业通过混合减少了"公"和"私"两种不同的产权差异，使其在市场竞争中能发挥更大的优势。在党中央积极稳步推进的指导下，全面深化混合所有制改革，坚持国有资本、集体资本和非公有资本的混合，不仅要把国有资本做大做强，提升国有经济的领导力、影响力、竞争力、创新力和抵御风险的能力，还要保证非公有制经济的健康发展，提升企业的现代化管理水平，打造世界一流企业。

第三节　混合所有制改革现状

党的十八届三中全会以后，党中央、国务院就新一轮国有企业混改工作作出了重大安排，这是一项十分艰巨的任务。总体来看，经过多年的摸索，混合所有制改革已从路线图走向实际操作，由局部试点走向整体实施，到2019年4月，国资委先后开展了四批试点，其中前两批是9家中央企业的小范围试点，这两批试点工作的重点在于为后续混合所有制改革的大范围实践积累经验。第三批试点范围进一步扩大，涵盖了中央企业10家，以及地方国有企业21家。第四批试点涉及107家中央企业、53家地方国有企业，并在电力、油气、铁路、民航、电信、军工等重点行业进行了广泛的探索，试点的范围和领域都有了很大的拓展，国有企业的混合所有制改革步入了全面综合改革的阶段。"十四五"时期，随着国有企业混合所有制改革三年行动的圆满结束，国有企业的公司制改革已经基本结束，并且朝着规范、高效的方向迈进了一大步。

从改革效果看，在全面深化改革时期，中国特色的现代企业制度、国资监管体系日趋完善，国有企业空间布局得到优化，国有企业分类与混合所有制改革同步推进，国有企业的市场化运作机制改革取得了明显成效。但是，从各种所有制企业共同发展的目标看，在混合所有制改革的进程中，国有企业和非国有企业的市场主体地位仍然不平等，缺乏一个公平竞争的市场环境。

2020年，市场期待已久的《国企改革三年行动方案（2020—2022）》（以下简称方案）正式启动。可量化和可考核的方案是进一步落实国企改革"1+N"政策体系和顶层设计，推动国有企业改革走深走实的重要工具。方案的重点主要是中国特色现代企业制度建设、国有经济布局优化和结构调整、深化混合所有制改革、健全市场化经营机制、形成以"管资本"为主的监管体制、抓好"双百行动"等工程。其中，混合所有制改革作为国有企业改革的突破口，将进一步深入推进。同年9月27日召开的全国国有企业改革三年行动动员部署电视电话会议中将推进混改列在了第一位，指出要积极稳妥地深化混合所有制改革，健全市场化机制，并明确提出要通过推动国有企业的上市及围绕上市进行的各类改革增加国有绝对控股、相对控股或国有资本参与的上市企业数量。

从方案的内容看，国有企业混改已经从"混"的维度迈入"改"的维度，下潜到改革的深水区，"改"的方式将决定整个改革的质量和成效。由"混"到"改"是一个由表及里，从"混股权"到"改机制"的过程，前四批改革试点企业基本完成了资本层面的混合，实现了国有资本与社会资本的优势协同，提升了资源配置效率，确保国有资本增值保值。国资国企将进一步利用"混"作为工具促进"改"的实施，解决国资股权与社会资本水土不服的问题，进一步厘清授权清单，确保市场化机制改革落地见效。新时代国有企业混改将会围绕"改"什么、如何"改"展开，在市场化机制改革的过程中强调差异化管理，结合企业功能的定位，分层次梯度推进混改。一是要按照"一企一策"的政策导向，充分考虑国有企业所处行业、发展阶段、制度建设等情况，制定个性化改革方案；二是要进行动态管理，结合中期取得的成效和凸显的短板进行适当的调整，将"改"落实到国有企业每一个发展阶段。

第四节　混合所有制改革的意义

党的十八大以来，习近平总书记系统地阐述了国有企业改革发展中的重大理论与现实问题，并对国有企业改革发展提出了一系列重要观点，为进一步深化国有企业改革提供了强有力的思想武器和科学的行动指导。作为资本层面的根本性变革，混合所有制的目标是破除公有制和非公有制经济之间的壁垒，充分发挥两种所有制的优势，推动二者的融合发展，对提高国有企业效率、推动高质量发展具有重大的现实意义。

一、有效优化国有企业所有制结构

随着社会主义市场经济的快速发展，国有企业在长期运营中积累的矛盾和问题日益突出。从战略管理的角度来看，对国有企业混合所有制改革的研究，可以针对不同类型的资本状况进行适当的调整，实现各种所有制经济的优势互补，优化公司治理结构，推进国有企业的现代化，使国有企业的所有制结构得到进一步的优化，提升国有企业的内部管理水平，从而推动国有企业高质量发展。在国有企业混合所有制改革的背景下，进一步明晰内部产权，有助于构建一套更科学的产权监管体系，对企业行为起到一定的约束和规范作用，最大限度地避免了国有资产的流失，保护了国家的利益，为企业创造了更多的经济效益，从而促进了国有企业发展。

二、有利于完善我国基本经济制度

现在和未来很长一段时间里，我国仍要坚持公有制为主体、多种所有制经济共同发展的基本经济制度，充分发挥国有经济领导的主导作用，扶持非公有制经济，从而解放和发展生产力。从社会主义发展的实质上讲，要解放生产力，发展生产力，最终实现共同富裕，就必须充分发挥国有经济的主导作用，充分调动各种所有制经济的积极性，推进中国特色社会主义市场经济建设。通过混合所有制经济改革，促进各种所有制经济融合发展，充分发挥国有经济在技术、人力、规模和管理等方面的优势，形成相互补充、相互促进的新发展模式，使我国的基本经济制度得到进一步的健全，巩固公有制经济的主体地位，适应中国特色社会主义新时代的发展要求。

三、有利于优化供给侧结构性改革

党的十九大报告提出，要坚持"质量第一、效益优先"的原则，通过供给侧结构性改革，促进我国经济发展质量和效率提升，增强发展动力，使全要素生产率得到提高。国有企业混改可以减少低效的供应，加大对"僵尸企业"的处置力度，化解过剩产能，对现有的资源进行优化，例如，在钢铁、煤炭等行业，通过混合改革的方式打破旧有的模式，解决过剩的产能。它有助于降低国有企业的资产债务，提高国有企业在深化供给侧结构性改革中的质量和效益，完善公共服务供给系统，使其能够最大限度地发挥其作用，同时能促进新技术和新业态的运用，与市场需求相适应，继续发掘新的发展机会，拓展发展空间，使供给端的结构得到进一步的优化，提高国有企业的供应质量。

四、有利于推动国有企业的长远发展

从战略管理的角度来看，国有企业混合所有制改革可以充分调动微观主体的内在活力，推动企业持续优化经营管理方式，从而提高经营效率和资金收益率；可以弥补国有企业在发展进程中存在的不足，促进国有企业与市场经济的有效融合，有助于完善社会主义市场经济体制，使社会主义制度的优越性得到最大限度的发挥。通过国有企业混合所有制改革，使国有资本与民营资本相结合，实现优势互补，提升国有企业的核心竞争力，从而打造具有世界竞争力的高质量企业。然而，从现在来看，一些国有企业的发展程度还不够高，缺少品牌核心竞争力。所以，国有企业必须不断发展壮大，持续优化国有资本与民营资本的结合，实现协同发展，从而提高混合所有制企业的竞争力。

五、有利于推动国有企业市场化转型

混合所有制改革是国有企业市场化转型的重要途径。这种改革模式主要涉及引入非国有资本和市场竞争机制，其核心目的是打破国有企业在所有制结构和运营机制上的单一性，为国有企业注入市场化的活力和效率。

在我国传统国有企业体制下，企业普遍存在效率低、创新能力弱、管理僵硬等诸多问题，这主要是因为缺乏有效的市场竞争和外部资金的介入。通过引进非国有资本，促使国有企业产权结构发生了变化，产生了多方面的积极效应。

第一，非国有资本进入国有企业，为国有企业改革提供了全新的经营思路与运作方式，更注重市场化和以收益为导向，有利于提升国有企业的决策效能与市场适应能力。多元化的股权结构使公司的决策机制更加透明、民主，有利于公司的决策程序得到最大程度的优化，同时增强了公司的透明度和可信度。

第二，引入了市场化的竞争机制，意味着国有企业的经营活动将会处于一个更公平、更公开的市场环境。在这种环境下，国有企业必须重视市场需求，改善服务质量，降低成本，加大对产品与服务的投资力度。同时，企业内部管理水平的提高、劳动生产率的提升以及资源配置的优化，也成为国有企业内部改革的重要动因。

第三，混改有利于国有企业吸引和保留优秀人才。在更为市场化的环境下，公司可以采取更为弹性化的薪资及奖励制度，吸引有创意、有市场经验的专业人员加入公司，这是公司实现长远发展与竞争优势的关键。

从本质上讲，混合所有制改革是一种将民营资本引入国有企业，从而推动国有企业从传统计划经济向现代市场经济转型的过程。这种转变不仅涉及企业的产权结构，也对企业的经营理念、管理模式和市场行为产生了深远的影响。

第五节 混合所有制改革政策分析

一、政策体系图

党的十八届三中全会确定的国有企业改革方向，一般都用"1＋N"的政策体系来概括。在这个体系框架内，哪些法律和政策关系到混改的核心实践操作呢？

笔者对相关政策进行了系统的梳理（见图14），分为左、中、右三个部分。中间部分是国有企业改革的指导思想、基本思路、操作规范、机制改革、员工长期激励的依据；左侧一栏是关于国有企业混合所有制改革所涉及的一些基本法规，这是混合所有制改革所要遵循的基础性制度；右侧一栏则是国有资本监管的核心内容。

它们是如何构成一个有机的整体来实现国有企业改革这一目标的？

打个形象的比喻，这些政策与法规之间的关系，就像是一个打算建房子的人，拿到土地和批准文件后，一步步将自己脑海里房子的概念变成一个可以拎包入住的房子的过程。

左边的基本法规和右边的国有资本监管，就像这个人拿到的土地和批文：批给你多少地，允许你建多大房子，房子的用途是什么，建房子过程中和房子建好后允许做什么。这些规定就划定了这个人可以从事的活动范围。在这个范围内，建房子的事情就是这个人说了算。同样，回到国有企业混改，这些法律和规定，就划定了国有企业混改过程中允许做的事项的最大范围。左边的基本法规规定的是混改进程中的一般事项，分别规定了企业的产权交易、治理结构、运营管理的最大范围；采用合伙企业方式实施员工持股的最大范围；引入外资的最大范围；涉税事项的最大范围。右边的规定则是针对国有企业特有问题，包括国有资产管理、国有资产保值增值、国有资产交易规范和国有企业党的领导的内容。

混改
国有企业改革的探索之路

基本法规	指导思想	国有资本监管

《中华人民共和国公司法》

《中共中央　国务院关于深化国有企业改革的指导意见》（中发〔2015〕22号）
《国企改革三年行动方案（2020—2022年）》

《国务院办公厅关于加强和改进企业国有资产监督防止国有资产流失的意见》（国办发〔2015〕79号）

基本思路

《中华人民共和国合伙企业法》

《国务院关于国有企业发展混合所有制经济的意见》（国发〔2015〕54号）
《关于深化混合所有制改革试点若干政策的意见》（发改经体〔2017〕2057号）

操作规范

《中华人民共和国外商投资法》

《中央混合所有制改革操作指引》（2019）

《关于在深化国有企业改革中坚持党的领导加强党的建设的若干意见》（2015）

机制改革

法人治理	授权机制	工资管理

《关于个人独资企业和合伙企业投资者征收个人所得税的规定》（2000）

《国务院办公厅关于进一步完善国有企业法人治理结构的指导意见》（国办发〔2017〕36号）

《国务院关于推进国有资本投资、运营公司改革试点的实施意见》（国发〔2018〕23号）

《改革国有资本授权经营体制方案》（2019）

《国务院关于改革国有企业工资决定机制的意见》（国发〔2018〕16号）

《企业国有资产交易监督管理办法》（国资委、财政部令第32号）

员工长期激励

《关于国有控股混合所有制企业开展员工持股试点的意见》（2016）

《国有科技型企业股权和分红激励暂行办法》（2016）《关于扩大国有科技型企业股权和分红激励暂行办法实施范围等有关事项的通知》（财资〔2018〕54号）

《关于上市公司实施员工持股计划试点的指导意见》(证监会公告〔2014〕33号）

《关于进一步做好中央企业控股上市公司股权激励工作有关事项的通知》（国资发考分规〔2019〕102号）

《国务院国资委关于以管资本为主加快国有资产监督职能转变的实施意见》（2019）

图14　政策关系

中间的这些政策，从上到下依次展开，就像是那个人盖房子的实际过程一样，是从理念到实践、从一般到具体，一步步把房子从概念变成可拎包入住的过程。最上面的《中共中央　国务院关于深化国有企业改革的指导意见》《国企改革三年行动方案（2020—2022年）》，就是那个人脑子里房子应该有的样子，是国有企业改革的顶层设计。而下面的两个文件就是房子的施工图，是脑子里概念的具体化。按照施工图可以进行建设，如果发现问题也可以及时调整。回到国有企业改革，深化国有企业改革的重要途径是混合所有制改革，明确了混合所有制改革的主要内容，但部分细节仍待进一步完善。而中央和地方国有企业混改操作指引就是建造毛坯房的过程，包括打地基、建四梁八柱等，直到完成房子的基本框架。对应到国有企业改革，就是通过方案制定、内部审批、挂牌交易等一系列具体步骤和行动指南，直到完成混改主要工作。最下面这些政策就是房子装修的过程，包括水电的安装、墙壁的粉刷等，最终建成一个功能完备、安全舒适的房子。对应到国有企业改革，就是对国有企业改革进程中关键细节的进一步优化，包括企业法人结构的具体设定、国有资产投资的具体规范、工资和激励机制的决定等。这些细节的优化，可以让混改完成后的企业治理更高效，运行更顺畅，国有资产更容易保值增值。这就实现了国有企业混改的目标。所以说，上述政策之间的关系就是划定国有企业混改的可行范围，并在可行范围内指引着国有企业混改从理念到实践的全过程，构成一个完整的规范体系。

二、国有企业混合所有制改革相关税收政策文件

关于国有企业混合所有制改革相关税收政策文件单独整理如下。

（一）企业所得税政策文件

①《财政部　国家税务总局关于企业重组业务企业所得税处理若干问题的通知》（财税〔2009〕59号，2009年4月30日）。

②《财政部　国家税务总局关于企业清算业务企业所得税处理若干问题

的通知》（财税〔2009〕60号，2009年4月30日）。

③《国家税务总局关于发布〈企业重组业务企业所得税管理办法〉的公告》（国家税务总局公告2010年第4号，2010年7月26日）。

④《财政部　国家税务总局关于促进企业重组有关企业所得税处理问题的通知》（财税〔2014〕109号，2014年12月25日）。

⑤《财政部　国家税务总局关于非货币资产投资企业所得税处理问题的通知》（财税〔2014〕116号，2014年12月31日）。

⑥《国家税务总局关于非货币性资产投资企业所得税有关征管问题的公告》（国家税务总局公告2015年第33号，2015年5月8日）。

⑦《国家税务总局关于资产（股权）划转企业所得税征管问题的公告》（国家税务总局公告2015年第40号，2015年5月27日）。

⑧《国家税务总局关于企业重组业务企业所得税征收管理若干问题的公告》（国家税务总局公告2015年第48号，2015年6月24日）。

⑨《国家税务总局关于全民所有制企业公司制改制企业所得税处理问题的公告》（国家税务总局公告2017年第34号，2017年9月22日）。

（二）增值税政策文件

①《国家税务总局关于纳税人资产重组有关增值税问题的公告》（国家税务总局公告2011年第13号，2011年2月18。

②《国家税务总局关于纳税人资产重组有关增值税问题的公告》（国家税务总局公告2013年第66号，2013年11月19日）。

③《财政部　国家税务总局关于全面推开营业税改征增值税试点的通知》（财税〔2016〕36号，2016年3月23日）。

（三）契税政策文件

《财政部　税务总局关于继续实施企业、事业单位改制重组有关契税政策的公告》（财政部　税务局公告2023年第49号，2023年9月22日）。

（四）土地增值税政策文件

《财政部　税务总局关于继续实施企业改制重组有关土地增值税政策的公告》（财政部　税务局公告2023年第51号，2023年9月22日）。

（五）印花税政策文件

《财政部　税务总局关于企业改制重组及事业单位改制有关印花税政策的公告》（财政部　税务总局公告2024年第14号，2024年8月27日）。

三、国有企业与社会资本合作新机制

2023年11月6日上午，国家发展改革委召开11月份新闻发布会，国家发展改革委政策研究室副主任、委新闻发言人李超介绍，为贯彻落实党中央、国务院决策部署，国家发展改革委牵头研究制定了《关于规范实施政府和社会资本合作新机制的指导意见》。总的来看，新机制有三方面特点：在参与主体上，最大限度地鼓励民营企业参与；在收益来源上，聚焦使用者付费项目；在操作模式上，全部采取特许经营模式。

新机制对国有企业混合所有制的影响如下。

（一）新机制为国有企业混改提供政策支持

出台《关于规范实施政府和社会资本合作新机制的指导意见》，旨在进一步深化基础设施投融资体制改革，激发民间投资活力，规范实施政府和社会资本合作新机制，充分发挥市场机制作用，拓宽民间投资空间。

国有企业混合所有制改革是政府与社会资本合作的重要形式之一，该机制发布同样为国有企业混改提供了政策支持。

（二）新机制为国有企业混改提出应对策略和建议

新机制明确了管理责任分工，让政府部门各司其职，解决了之前存在的责任主体不明晰问题。同时，把握新机制的总体要求，明确付费项目，采取特许经营模式，将合作限定在经营性收益项目范围内，为国有企业混改提供指导，促进制度环境的优化。此外，新机制规范了建设实施过程，并且加强运营监管，强化了政策保障，为国有企业混改营造了良好的制度环境。

（三）新机制展望了国有企业混改的未来前景

新机制为国有企业混改的发展带来了更广阔的发展空间和机遇。随着改革的深入推进，我国的经济体制将进一步完善，市场竞争环境将更加公平、透明，更多民营企业将获得更多发展机会。同时，混合所有制改革也将促进企业创新与发展，培育更多具有核心竞争力的企业，为推动国家经济的持续增长贡献力量。

综上所述，新机制对国有企业混改的发展产生了积极作用。国有企业混改可以通过有效的应对策略和建议，充分利用新机制带来的机遇，实现更好的发展。展望未来，混合所有制改革将进一步完善，为国有企业的发展提供更为有利的环境，促进经济的可持续发展。

第三章

混合所有制企业的全生命周期管理

引言：从教培机构看城投化债

中国家长教育投资的功利性

教培机构属于典型的使用者和决策者分离的业务场景，决定教育市场的主要是决策者——家长。

家长的功利性需求使学科培训成为刚需，快速提升学分类的教培服务市场规模大、标准化程度高，容易形成规模化服务机构甚至上市公司。

以兴趣培训为导向的服务，主要满足稀缺性技能的培养，而技能之所以稀缺正是因为服务的非标准化和差异化，通常是私人定制。以著名运动员谷爱凌为例，富裕家庭的决策者为子女规划的滑雪爱好这一稀缺性技能，本意是满足竞争性加分需求，却意外收获了稀缺性技能破圈突围的机遇。若大众效仿并纷纷引领子女进入滑雪赛道，那么滑雪赛道就从稀缺、差异化、定制化变得拥挤、"内卷"。

若将这一逻辑应用于城投公司的综合服务工作，政府的决策意志代表决策者，城投公司则是使用者。

那么提供服务的第三方机构也同样面对功利性家长的市场化需求。也就是说，引入服务机构时，优先满足竞争性加分的需要，其次才是获得稀缺性技能带来的突围机遇。

政府决策意志的"教育投资"决定地方国有企业的命运

不同地区政府对这两种需求有不同看法，决定了不同地区政府会选择什么样的"教书先生"（服务机构）为他们的"孩子"（地方国有企业）提供服务。

标准化的服务，不论是金融服务还是商业咨询服务，对于国有企业而言都存在严重分化，东部发达地区总体优于中西部地区。对于中西部地区国有企业而言，进入这个赛道无异于用短板去竞争长处。

非标准化服务容易陷入路径依赖的怪圈，以区域化私募非标金融产品为例，和兴趣培训一样，产品创新已然失去价值，劣币驱逐良币成为该行业的顽疾，核心资源从获取国有企业客户，转变为获取个人投资者。挟"资"自重，带"资"进组，就是路径依赖问题。这种现象类似本意是让孩子去参加编程培训课，结果发现孩子上课时都在打游戏。

每个家长都期望获得"谷爱凌式"的教育投资回报，但往往忽略了谷妈妈在兴趣培训的选择上其实聚焦了稀缺性技能。从地方国有企业的稀缺性技能投资来看，少有机构愿意下沉做好差异化、定制化的非标准化服务，因为难以形成规模，也难以持续投入资源推动创新。这导致做私募的机构扎堆转向个人投资客户，做贸易流水的机构又扎堆寻求电解铜、电解铝、乙二醇等产业投资。看起来做了改变，但当大家都去滑雪场滑雪的时候，滑雪技能本身就不再具有稀缺性技能优势了。所以，私募转地下，虚假贸易的阴云始终笼罩。

孩子初高中总计6年，这一时间跨度大致等同于一个地方国有企业领导人的任期。这就意味着，一旦做出服务机构的选择，将不可逆地决定地方国有企业的发展轨道，从而深刻影响地方国有企业的未来，以及背后"教育投资"的回报。

面对地方债务化解与资产盘活，难道就没有其他选择了吗？

国有企业混改＝低风险"教育投资"

国有企业与民企的混改公司是一个突围的方案，实质上可以理解为请了一个"私塾先生"与企业共同成长。通过深入了解企业的区域禀赋和产业优势，精准培育稀缺性技能，并深化产业布局以吸引资本流入，从而从根本上化解城投公司债务。

当然，有些债务问题是决策者想化解，而使用者不想化解。这就好比孩子传递了虚假的消息，如把编程课变成了电竞课。在这种情况下，除了严肃问责，别无二法。

在深入探讨本章内容之前，首先需要理解股权多元化和混合所有制改革之间的差异与联系。这两种方式都是国有企业产权改革的关键路径，且常见于国有企业改革的相关文件中。混合所有制改革通常被视为股权多元化的一种形式，其核心在于"混合"这一概念。仅仅实现股权结构的多元化是不够的，更重要的是要观察股东结构中是否包含除了国有资本的其他类型资本，如集体资本或非公有资本。

第一节　混合所有制企业的成立前准备

一、混改的流程设计

成立混合所有制企业的筹备流程是一个系统而细致的过程，旨在确保企业从筹划到运营的每个环节都经过精心规划和合理安排，包括法律程序、商业计划制定、资金筹集、股比分配等。以下是成立混合所有制企业的一般筹备流程。

（一）策划和初步调研

①进行市场分析，了解行业趋势和竞争环境。
②确定企业的业务范围和发展目标。
③初步估算所需资金和资源。

（二）确定业务理念和经营模式

确定企业的核心业务理念和经营模式，包括选择混合所有制的具体形式，如合资、合作等。

（三）市场研究和可行性分析

①进行市场研究，评估市场需求和竞争情况。
②进行可行性分析，评估混合所有制企业的盈利潜力。

（四）法律和监管要求

研究成立混合所有制企业的法律和监管要求，包括股权结构、注册程序、许可证和合同要求等。

（五）选择合作伙伴

如果混合所有制企业涉及多个股东或合作伙伴，选择合适的合作伙伴至关重要。选择时应确保合作伙伴的价值观与企业一致。

（六）制定详细方案

①撰写混合所有制企业的业务计划书，包括市场分析、财务预测、管理团队介绍等。
②确定股权结构和投资比例。

（七）商业计划编制

制订详细的商业计划，包括财务预测、市场战略、运营计划和发展策略。

（八）资金筹集

确定资金需求，并制订资金筹集计划，包括股权融资、债务融资、投资者招募等。

（九）法律文件和合同

①起草合同和法律文件，明确股东权益、经营条件和合作细节。

②审查合同，确保其符合法律和监管要求。

（十）注册和公司设立

①注册混合所有制企业，遵循相关法律、法规和程序。

②设立公司董事会和管理团队，明确组织架构。

（十一）财务系统和税务规划

①建立财务管理系统，确保资金的有效管理和监控。

②进行税务规划，以最大限度减轻税务负担。

（十二）员工招聘和培训

招聘和培训员工，打造高效团队以支持企业运营。

（十三）市场推广和营销

制定市场推广和营销策略，提升品牌知名度，拓展客户群体。

（十四）运营启动

启动混合所有制企业的运营，按照商业计划执行，并持续监控和调整。

（十五）风险管理和合规性

管理企业风险，确保合规性，遵循相关法规和政策。

（十六）监督和评估

①进行企业的日常管理和监督。

②建立监督和评估机制，确保混合所有制企业的绩效和发展。

③根据市场和业务发展情况，适时调整策略和计划。

混合所有制企业筹办时间进度表详见表3。

表3　　　　　　　　　　　混合所有制企业筹办时间进度表

事项	时间进度	主负责人	协助人	备注
1.确立混改注册要素：公司名称、注册资本、法人、股东、股比等	3~7个工作日	项目负责人	各股东方	
2.确立公司定位、未来发展方向、经营范围				
3.完成《公司设立建议书》《风险评估报告》*	2个工作日	项目负责人	牵头股东方后台伙伴	
4.完成《出资协议》《公司章程》*				
5.了解当地工商注册流程，完成各股东方工商注册（若有）	1~7个工作日	牵头股东方后台伙伴	项目负责人	
6.将上述材料及方案上报至各股东方审核	7~15个工作日	项目负责人	各股东方负责人	
7.协助进行资料调整、上会、汇报等事宜				
8.平台公司向上级汇报请示，争取批复同意				
9.确定混改公司高管人选	1个工作日	各股东方		
10.完成混改公司工商注册流程、银行开户流程等	3~5个工作日	牵头股东方后台伙伴	项目负责人	
11.取得混改公司工商牌照及印章				

*具体见附录1《公司设立建议书》参考结构、附录2《风险评估报告》、附录3《出资协议》、附录4《公司章程》。

二、成立混合所有制企业的各环节执行人

在国有企业推进混合所有制改革的过程中，关键执行人和部门的职能至关重要（见表4）。

第一，主管部门副总通常负责财务融资部，是推动混改的财务策略和融资方案的主要负责人。其需要评估不同融资渠道，制定资金策略，并确保混

改过程中的资金安全。

第二，主管部门部长在财务融资部、综合管理部、法务风控部和投资运营部之间起到桥梁作用。这位部长负责协调各部门工作，确保混改建议书、可行性研究报告、合资协议等关键文件的编制与审核无误，同时要处理内部管理和风险控制的问题。

第三，总经理作为经营管理层的核心人物，监督整个混改进程，确保各项决策和执行步骤符合公司的长期发展目标与战略。总经理还需要确保公司日常运营在混改过程中不受干扰，维护员工、客户和其他利益相关者的利益。

第四，董事长在董事会层面拥有决策权，负责审议和批准混改的总体规划与关键决策。董事长要确保混改符合国家政策导向，保护国有资产价值，同时引入私有资本以提高公司效率和市场竞争力。

混改的内部流程通常开始于总经理会上报决策，这一步骤涉及财务融资部、综合管理部、法务风控部和经营管理层。在这一阶段，提出混改初步建议，进行可行性研究，并形成合资协议等初稿。

随后，这些文件和决策需要上报董事会，此时除了上述部门，投资运营部也会加入讨论，以确保混改方案符合投资和市场运营的要求。董事会基于总经理会提供的材料，做出进一步的策略调整和决策（见表5）。

最后，混改的决策需要上报国资委或财政部，这一步体现了国有企业与政府主管机构之间的互动。国有企业首先向主管部门提出混改计划，主管部门内部讨论决策后，向国有企业反馈和批复。这一流程不仅确保了混改方案的合规性，也体现了政府对国有资产管理的监管责任。

整体而言，混改不仅是财务和管理上的重大变革，更是国有企业改革的深化，旨在通过引入私有资本和市场化管理机制，增强国有企业的活力和竞争力。每个部门和关键执行人员都扮演着不可或缺的角色，确保混改进程顺利、高效且符合国家政策的方向。

表4 关键执行人职位和所负责的部门

关键执行人职位	所负责的部门
主管部门副总	财务融资部
主管部门部长	财务融资部、综合管理部、法务风控部、投资运营部
总经理	经营管理层
董事长	董事会

表5 混改的内部流程

流程名称	涉及部门	决策内容
总经理会上报决策	财务融资部、综合管理部、法务风控部、经营管理层	混改设立建议书、可行性研究报告、合资协议等
上报董事会决策	财务融资部、综合管理部、法务风控部、经营管理层、投资运营部、董事会	总经会会议纪要、混改设立建议书、可行性研究报告、合资协议等

在混合所有制企业的成立和运营中，财政部和国资委各自承担着重要职能。

财政部的职能：①资金监管。财政部负责监督混合所有制企业的资金使用情况，确保国有资本的投资效益，防止国有资产流失。②税收政策制定。财政部制定相关税收政策，为混改企业提供税收优惠，鼓励私有资本投入。③预算管理。在混改企业的成立和运营中，财政部负责对企业的预算执行情况进行监督，确保公共资金的合理使用。④财务审核。审核混改企业的财务报告，确认其真实性和合规性。

国资委的职能：①资产监管。作为国有资产的所有者代表，监督管理国有资产，确保国有资产保值增值。②政策制定。国资委制定混合所有制改革的政策框架，引导和规范混改的方向与进程。③改革实施。国资委负责推动混改政策的实施，协调解决改革过程中的关键问题，如产权划转、股权结构设计等。④绩效考核。国资委对混改企业的经营绩效进行考核，评价改革效果，确保混改目标的实现。⑤战略规划制定。国资委参与混合所有制企业的战略规划制定，特别是涉及国家战略和重大公共利益的部分。

　　财政部与国资委在混改企业的成立和运营中相互补充，财政部侧重财务和税收管理，而国资委则聚焦国有资产的监管和混改的整体推进。共同目标是通过混改提高企业效率，促进国有企业的市场化，保护国有资产的安全。

第二节　混合所有制企业的成立与组织

一、成立混合所有制企业的法律参考和管理框架

（一）法律参考

1.《中华人民共和国公司法》

①第二章"公司登记"：涉及公司成立的相关事项。

②第五章"股份有限公司的设立和组织机构"：涉及股份制公司成立的基本要求和程序。

③第八章"公司董事、监事、高级管理人员的资格和义务"：关于公司董事会、监事会等的构成和职权。

2.《中华人民共和国民法典》

①第二编"物权"：关丁财产权利和所有权。

②第三编"合同"：涵盖合同的订立、履行、变更和终止等。

3.《中华人民共和国企业国有资产法》

①第三章"国家出资企业"：涉及企业的组织架构和管理制度等事项。

②第四章"国家出资企业管理者的选择与考核"：涉及国家出资企业的管理人员的基本要求和选取程序。

③第七章"国有资产监督"：规定了国有资产监管的主体和监管事项。

4.《国有企业改革条例》

规定了国有企业改革的方向、原则和政策。

5.《中华人民共和国反垄断法》

①第二章"垄断协议"：涵盖各种形式的垄断协议。

②第三章"滥用市场支配地位"：关于市场支配地位的滥用。

6.《中华人民共和国证券法》

①第二章"证券发行"：涉及证券的发行的规定。

②第三章"证券交易"：涉及证券的交易的规定。

③第五章"信息披露"：关于信息披露的规定。

7.《中华人民共和国外商投资法》

①第三章"投资保护"：保护外商投资的权利。

②第四章"投资管理"：规定了外商投资的管理。

（二）混合所有制企业的所有者结构和管理体制

1.所有者结构

（1）多元化股权组成

混合所有制企业的股权结构包含国有资本、民营资本和/或其他类型的资本（如集体资本、外资等）。

股权比例可以根据企业具体情况和策略目标而定，不必等额分配。

不同国有资本比例将会影响企业属性。按国有资本股权占比划分，国有资本占比在50%～100%（不含）的属于国有绝对控股企业，国有资本占企业股份的50%以下，但根据相关协议具有企业的实际控制权或持股比例高于任何其他的单一投资者的属于国有相对控股企业，国有资本仅持有部分股份，不掌握控制权的属于国有参股企业。

在股比设计上，股权结构如何实现最优是许多学者研究的主题，其主要目的在于实现企业价值的最大化，同时权衡代理成本以及监督成本，经过不断博弈形成。其中，关键股比数据包括以下内容。①超过66.7%。绝对控制权。②51%～67%。相对控制权。③33.4%～51%。安全控制权/一票否决权。④30%。要约收购分割线。⑤10%。临时会议权。⑥5%。重大股权变动警示分割线。⑦3%。临时提案权。在实际选择股比时，要综合考虑企业的发展阶段、自身的需求、对投资人的吸引力以及是否同步开展员工股权激励等因素，同时可以考虑多轮逐步释放股权。

（2）股东权益

所有股东，无论是国有股东还是非国有股东，都享有股东大会表决权、利润分配权、信息获取权等基本权益。

股东权益的保障和实现方式应符合《中华人民共和国公司法》等相关法律法规的规定。

（3）灵活的股权调整机制

混合所有制企业可以根据发展需要调整股权结构，吸引更多的投资，或进行股权转让和增资等操作。

2.管理体制[1]

（1）董事会领导下的管理体系

董事会通常作为企业的最高管理机构，负责制定企业战略和决策重大事项。

董事会成员通常由各类股东按照其股权比例推选，以确保各方利益的代表性。

（2）多元化决策机制

决策过程中须兼顾不同股东的利益，促使企业决策更加市场化、专业化。

重大决策通常需要经过股东大会或董事会审议和批准。

（3）职业经理人制度

职业经理人负责企业的日常运营和管理，与董事会和股东大会形成制衡。

经理人的选聘往往更加注重其专业能力和市场化运作能力。

（4）内部控制和监督

建立健全的内部控制体系，包括财务监控、风险管理、合规审计等。

设置监事会或其他监督机构，监督企业管理层和董事会的行为。

---

[1]　相关工作规则见附录5《股东会议事规则》、附录6《董事会议事规则》、附录7《监事会工作规则》、附录8《总经理办公会议事规则》。

（5）透明和高效的信息披露

实施高标准的信息披露，确保所有股东及时获取企业经营状况和重大决策信息。

二、股权结构与投资关系

（一）制定科学的股权结构

制定股权结构时要考虑国有股份与其他股份的比例关系以及不同股东之间的利益平衡。如保留相对主控股份，引入少数战略股东。战略投资者持股比例不宜过高，一般控制在30%以下，并应赋予战略投资者股东一定的决策权和收益权，如董事会席位和现金分红等。

（二）设置稳定可持续的股权

股权设置要考虑不同股东的长期利益和战略发展要求。股权结构不宜过于精细化，要给予企业稳定的预期，如设置战略股东的锁定期为3~5年。同时，通过公司章程等形式保障核心股权的稳定性。

（三）签订必要的股东协议

与战略投资者签订股东协议，明确各方的权利、义务和利益，稳定股权结构并防范股东之间的利益冲突。股东协议内容包括股权锁定期、董事会席位分配、红利分配政策、业务合作条款及争议解决机制等。

（四）选择合理的投资方式

根据改革需要选择低成本的投资方式，如优先股和可转换债券等。例如，某国有油田企业选择与企业发展相契合的战略投资者时，需要从长期角度考虑，做好前期的评估和论证工作。该企业可通过发行新股或定向增发股份引入战略投资者。可设计稳定合理的股权结构，采取各种措施优化股权结构，以此来完善企业治理，平衡不同股东利益，保持企业战略发展的连续性。

三、不同股东角色及权力

在混合所有制企业中，不同股东的角色和权力旨在平衡各方利益，促进企业的健康发展。这种多元化的股东结构有助于提高企业的决策效率和市场适应性，但也带来了管理和协调的挑战。

（一）国有股东

1.角色

国有股东代表国有企业及国资利益，对企业的战略方向和重大决策有较大影响。国有股东对企业的社会责任和长远发展有特别关注。简言之，"国有股东定方向，给支持"。

2.权力

参与重大决策，如合并、收购、重组或其他重要事项。在董事会中有代表权，对企业管理有一定影响力。对企业盈利有分配权，并可能对企业的财务政策有一定影响力。

（二）民营股东

1.角色

民营股东追求最大化投资回报，更加注重企业的盈利能力和市场表现。对企业的创新、效率和市场化运营有更多推动作用。简言之，"民营股东谋发展，管运营"。

2.权力

参与企业的利润分配，在股东大会中拥有表决权，可对企业治理和重大决策施加影响，可获取企业经营活动的信息和财务报告。

（三）其他股东（如集体资本、外资等）

1.角色

这类股东可能有不同的目标，如增加地方就业、技术合作、市场扩展等，可为企业提供特定资源或优势，如市场渠道、技术支持等。

2.权力

根据其持股比例和公司章程，参与企业的决策过程，对企业的盈利分配和资本运作有一定的参与及影响，可获取企业运营相关信息和数据。

（四）共同的权利和责任

所有股东都有权获取企业的重要信息，参与股东大会，并对企业的重要决策进行表决。股东应根据其持股比例承担相应的责任，包括财务投入和风险承担。股东有权按比例参与企业的利润分配。此外，还应讨论股东间的合作与冲突管理，分析混合所有制企业的融资和投资策略。

四、团队组成

混合所有制企业的团队组成通常体现了其股权结构的多元化特点。主要包括以下几个方面。

（一）董事会

作为企业的决策机构，董事会通常由代表不同股东的成员组成，包括国有资本代表、民营或其他非国有股东的代表，以及独立董事。董事会负责制定企业战略、审批重大决策、选举高级管理人员等。

（二）监事会

监事会由代表不同股东利益的监事组成，负责监督企业的财务活动和董事会及高级管理人员的行为，确保公司运营的合法性和合规性。

（三）高级管理团队

高级管理团队包括总经理、副总经理、财务总监等，这些人员负责企业的日常经营管理，执行董事会制定的政策和决策。其中，总经理通常由国有企业选派，副总经理通常由具有丰富行业经验的民营股东方选派，财务总监通常由国有股东方财务主管人员担任。

（四）中层管理

中层管理人员通常来自不同的股东背景，负责具体的业务单元或部门，如市场、财务、人力资源、生产、研发等。

（五）员工

混合所有制企业的员工结构通常较为多元，包括国有企业转型过来的员工、新招聘的市场化人才等，他们的职业背景、技能和经验各不相同。一般从市场招聘的员工更有利于公司的后续发展。

（六）顾问和专家团队

企业可能还会聘请外部专家或顾问为企业提供专业意见或服务，如法律顾问、财务顾问、行业顾问等。

在混合所有制企业中，确保各股东间的利益平衡至关重要，这有助于各类资本能够在企业治理中发挥作用，促进企业市场化运作和效率提高。不同股东的代表之间需要有良好的沟通和协作机制，以支持企业的持续发展。

第三节　混合所有制企业的经营与发展

一、混合所有制企业经营战略

（一）短期策略：金融与贸易层面的切入

1.快速效益的追求

混合所有制企业在成立初期，通常会选择金融和贸易作为主要的经营方向。这一选择主要基于以下两点的考量。

①见效快。金融和贸易行业的市场响应速度快，可在短时间内产生效益。

②投入相对低。相比于制造业等资本和技术密集型行业，金融和贸易行业的初始投入相对较低。

2.市场调查与资源配置

成立初期，混合所有制企业需要进行深入的市场调查。通过对市场的研究，企业可以了解当前的市场需求、竞争环境以及潜在的商业机会。

同时，混合所有制企业可以利用国有企业的资源和政策优势以及民营企业的灵活性和创新能力，发挥各自优势，寻求最佳的市场切入点。

3.风险控制与管理

在金融和贸易领域，风险管理尤为重要。混合所有制企业需要建立健全的风险控制机制，防范财务风险、市场风险和操作风险等，确保企业能够稳健发展。

（二）中期策略：利用双方优势，寻找过渡行业

1.结合国有与民营的优势

在中期阶段，混合所有制企业应开始从初期的金融和贸易领域逐渐向其他行业扩展。这一过程中，结合国有股东的资源优势和政策支持，以及民营股东的市场敏感性和创新能力，寻找适合的过渡行业。

2.实际经营情况的考量

在考虑新的经营方向时，企业需根据实际经营情况和市场变化作出调整。例如，根据市场需求、技术发展趋势以及政策导向，选择能够带来长期稳定收益的行业。

3.经营方向的选择

在选择新的经营方向时，企业可以考虑那些与现有业务有协同效应的领域，如上游或下游产业，以实现产业链的延伸和优化。

（三）长期策略：产业方向的经营转型

1.依托当地资源

长期策略应依托当地资源优势。根据区域特色和资源条件，混合所有制企业可以开发独具特色的产品或服务，创造新的市场需求。

2.产业转型

借助已有的客户基础和市场优势，逐步向产业方向转型，例如投资或建立生产基地，发展高附加值产品，或者进入技术密集型行业。

3.持续创新与研发投入

为保持竞争优势，企业应持续进行技术创新，加大研发投入，通过不断更新产品和服务，提高产品质量和技术水平，以适应市场变化。

4.市场开拓与品牌建设

在长期发展过程中，企业应加强市场开拓和品牌建设，通过建立良好的企业形象和品牌知名度，提升产品的市场认知度和客户忠诚度。

5.可持续发展与社会责任

在追求经济效益的同时，混合所有制企业应关注可持续发展，履行社会责任，包括环保、社区发展、员工福利等方面，以实现企业的长期稳定发展。

混合所有制企业的发展策略是一个动态的过程，需要根据市场条件、企业资源和政策环境的变化进行不断地调整。从短期的金融和贸易切入，到中期的过渡行业探索，再到长期的产业方向转型，每一阶段都需精心规划和执行，以确保企业在竞争激烈的市场环境中持续发展。

二、混合所有制企业运营管理

（一）建立现代企业制度

建立职业经理人制度、董事会负责制度和监事会制度等现代企业制度，形成涵盖战略、人力、财务、投资等方面的决策机制和运行机制，建立激励约束机制，实现资源配置的市场化和专业化。

（二）完善公司治理结构

在董事会中增加独立董事和战略投资方董事的比例，优化董事会结构，规范其运作，加强对经营层的监督。同时，健全监事会、审计委员会等机构，实现权责分明和相互制衡。

（三）完善指标评价体系

在混合所有制改革中，创新优化管理组织制度是混合所有制改革中的重要内容。国有企业和非国有制企业之间需要建立起良好的协同合作机制，打破传统制度束缚，采用更加市场化的管理机制。这需要国有企业在管理组织制度上进行创新，通过优化企业组织结构、加强企业管理体系建设、完善公司治理结构等方式，提高企业的运营效率和管理水平。而完善评价指标体系是混合所有制改革中国有企业管理创新研究的核心。国有企业需要建立科学合理的评价指标体系，通过建立健全的绩效评价制度、推行市场化评价机制、加强企业内部管控等方式，评估改革成效，提高企业管理水平。通过这些措施，国有企业可在管理组织制度、竞争机制和评价指标体系上实现创新和优化，提升企业的市场竞争力。

三、混合所有制企业运营监督 [1]

（一）提高信息披露透明度

加强企业财务、经营和投资信息的披露，特别是关联交易和资金运用等关键信息。确保年报、业绩报告和现场投资者说明会等信息披露的高质量。

---

[1] 相关管理办法见附录9《公司办公会议事规则》、附录10《"三重一大"事项决策制度实施办法》、附录11《企业负责人履职待遇、业务支出管理细则》、附录12《职工教育经费管理办法》、附录13《差旅费管理办法》。

建立投资者关系管理部门，实现双向沟通。

（二）强化混合所有制国有企业审计监督

一是统筹谋划混合所有制国有企业审计及企业负责人经济责任审计计划，充分发挥审计监督作用，促进国有企业深化改革，提高经营管理水平，为混合所有制国有企业健康发展保驾护航。

二是健全企业内部审计机构，完善内部审计制度，强化企业及下属公司的内部管控，落实责任追究制度，推动重要骨干企业内部审计全覆盖。

三是建立混合所有制企业向审计部门定期报送财务数据资料等制度，建立部门联动工作机制，定期开展审计、国资等部门经常性信息通报和工作会商。

（三）加强监管

接受相关部门（如证监会、国资委等）的监管，定期提交经营和财务报告，配合监管部门开展现场检查等工作。同时，建立内部监督机制，定期评估改革成效和运营情况。

第四节　混合所有制企业的退出

混合所有制企业的退出机制是指当企业无法持续运营或达到其设立目的时，股东退出投资的方式和途径。这种退出通常涉及以下几种情况。

一、主动退出

（一）业务终止或目标达成

当企业完成其成立时的目标或业务自然终止时，可进行注销。这种情况常见于项目型企业或有特定目标的企业。

（二）股权转让

当个别股东希望退出企业时，可以将其持有的股份转让给其他股东或第三方。这种转让既可以是公开的，也可以是私下协商的。在某些情况下，其他股东有优先购买权。

（三）上市

对于表现良好的混合所有制企业，通过上市的方式退出是常见的方式。这种方式能够为股东提供流动性，同时能为企业带来更多的资本注入。

（四）私有化或国有化

在特定政策或市场环境下，混合所有制企业可能会被完全私有化或国有化。例如，私人股东可能会买断国有股份，或者国家为了某些战略目的会收购私人股份。

（五）并购

被其他企业并购通常发生在企业具有吸引力的市场地位或关键技术时，其他大型企业或投资者可能会选择收购整个企业。

每种退出方式都有其独特的优点和风险，需要根据企业的具体情况和股东的目标来选择最合适的退出策略。

二、被动退出

（一）审计风险是混合所有制企业被动退出的主要原因

混合所有制企业面临的审计风险，往往是企业高管的贪腐行为导致的，最终不得不走向注销这一极端且不幸的结局。这种情况的起因在于一些高级管理人员的不正当行为，包括财务造假、私下挪用公司资金以及其他违法违规行为。这些行为不但违背了企业的基本道德和法律规范，而且对公司的财务稳定和声誉造成了极大的损害。

在常规的审计过程中，这些问题逐步被揭露。审计人员一旦发现不符合规范的财务记录和异常交易，就表明公司内部存在深层次的问题。进一步的调查将揭露管理层的贪腐行为，这些行为涉及多个层面和环节，包括财务报告的虚假陈述、非法个人利益的获取以及对公司资产的滥用。

这些行为导致公司面临巨大的审计风险，包括财务数据不可靠、法律责任以及可能的刑事处罚。这使得股东和投资者对公司的信心急剧下降，市场对公司的评价也随之恶化。在面临如此多的负面因素和不确定性的情况下，公司的经营活动将受到极大的影响。

（二）经营困难或持续亏损

由于市场竞争、管理问题、资金链断裂等原因，企业可能长期处于亏损状态，难以维持经营，从而选择注销。

（三）破产清算

当企业无法维持运营，或者债务负担过重时，股东可能会选择破产清算的方式来退出。这种情况下，企业的资产将被用于偿还债务，剩余的资产按照股权比例分配给股东。

（四）资产重组或出售

在企业发展受阻或者战略重组的情况下，股东可能会选择出售企业整体或部分资产来退出。这种方式常见于企业需要快速变现或在特定领域收缩业务的情况。

（五）法律法规要求

因违反法律法规，如严重的经济犯罪、违法经营等，企业可能被强制注销。

（六）政策调整或行业变动

因政策调整、行业变动等外部因素，某些企业可能不再具备经营条件或失去市场，从而导致注销。

三、如何避免被动退出

混合所有制企业出现经营异常的原因可能包括以下几个方面。

①治理结构问题。混合所有制企业涉及不同类型的股东（如国有股东和私人股东），可能在治理结构上存在矛盾和冲突，如股东之间的利益冲突、管理决策的不透明等，导致决策效率低下和战略方向不明确。

②财务管理不当。混合所有制企业可能面临财务管理问题，如财务不透明、账目混乱、资金运用不当等。这些问题会影响企业的财务健康和信用状况。

③内部控制缺陷。有效的内部控制系统对于任何企业都至关重要。混合所有制企业可能内部控制不足，导致资源浪费、风险管理不足甚至出现欺诈和腐败行为。

④市场定位和竞争策略问题。混合所有制企业在市场定位和竞争策略方面可能存在问题，如对市场变化反应不敏感、竞争策略不明确或不适应市场需求，这可能导致市场份额下降和业绩不佳。

⑤人力资源管理问题。人力资源的管理不善，如员工士气低下、人才流失、领导力缺乏等，也可能导致混合所有制企业的经营异常。

⑥法规遵从和合规风险。混合所有制企业在法规遵从和合规方面可能面临风险，尤其是在多元化股东背景下，容易出现对法律法规的执行疏漏或忽视。

⑦外部经济和政策环境变化。外部经济环境的波动、政策变化以及市场竞争压力增加等因素也可能影响混合所有制企业的经营状况。

⑧技术创新和适应能力不足。在快速变化的市场环境中，企业需要不断创新和适应新技术。如果混合所有制企业在这方面做得不够，可能会落后于

竞争对手。

解决混合所有制企业所面临的经营异常问题，需要综合性的策略和措施，具体包括：

①改善治理结构。

建立有效的公司治理结构，确保所有股东（无论国有还是民营）都能在决策中发挥作用，同时保证决策的透明性和公正性。强化董事会的作用，确保董事会成员具备相关的专业知识，并有效代表所有股东的利益。

②加强财务管理和透明度。

建立健全的财务管理系统，确保所有财务活动都符合会计准则和法律法规。定期进行财务审计，确保财务报告的准确性和透明度。

③完善内部控制机制。

建立或优化内部控制系统，包括风险管理、审计程序和合规性检查。对可能的风险点进行识别和评估，制定相应的风险应对策略。

④明确市场定位和竞争策略。

分析市场环境和企业的核心竞争力，明确市场定位。制定适应市场需求的竞争策略，包括产品创新、营销策略和客户服务改进。

⑤优化人力资源管理。

建立公平且具激励性的人力资源政策，提升员工工作满意度和忠诚度。

提供培训和职业发展机会，吸引和留住人才。

⑥遵循法规并增强合规意识。

加强对法律法规的了解和遵守，确保企业所有活动符合法律要求。建立合规文化，确保员工了解并遵循相关法规。

⑦应对外部环境变化。

关注外部经济和政策环境的变化，及时调整经营策略以适应这些变化。加强市场研究，以便更好地理解和预测市场趋势。

⑧鼓励技术创新。

在研发和技术革新上增加投入，提高企业的竞争力。鼓励创新文化，支持员工提出新思路和创新方案。

通过这些综合性措施，混合所有制企业可以有效应对并解决经营中的各种问题，提升企业的整体健康性和市场竞争力。

第五节　混合所有制企业的潜在风险

一、风险识别

相同的风险底线与不同的风险治理原则相结合，形成国有企业风险的差异化治理框架。

（一）外部风险

1.市场竞争风险

由于市场环境不断变化，混合所有制企业可能面临激烈的竞争，尤其是来自私有企业或国有企业的竞争。

2.政策和法规风险

政府政策和法规的变化可能对混合所有制企业产生重大影响。例如，税收政策、劳动法、环境法规的调整都可能影响企业运营。

3.经济环境风险

宏观经济环境的波动，如经济衰退、通货膨胀或货币贬值，都可能对企业的盈利能力和财务状况产生负面影响。

4.技术变革风险

技术快速发展可能导致企业现有技术或业务模式过时。混合所有制企业需要持续投资于新技术，以保持竞争力。

5.供应链和物流风险

供应链中断或物流问题可能严重影响混合所有制企业的运营效率和成本控制。

6.国际贸易风险

对于参与国际贸易的混合所有制企业，国际市场的波动、贸易壁垒和关税变化都可能构成风险。

7.声誉和社会责任风险

公众对混合所有制企业的期望可能更高，任何负面事件都可能对企业的声誉和社会责任形象造成影响。

（二）内部风险

1.制度融合风险

混合所有制改革必然会面临各种风险，如经营整合风险、战略协同风险、文化协同风险等。新的企业需要适应新的市场、新的经营模式和新的人员组成，并且混改整合的风险更加复杂多样，如果处理不当，很可能出现改革失败。大多数企业完成混合所有制改革后，实施财务整合时风险管理意识较为薄弱，对企业潜在风险未能及时有效识别，从而未能及时采用有效措施。同时，企业也缺乏专业的投融资、风险防控和财务管理人才。此外，企业在投资可行性分析、经营风险防范等方面也存在不足，只有在遇到问题时才想解决办法，缺乏科学严谨的对外投资决策流程。管理层对混改企业的管理普遍还停留在制度层面，只注重对公司管理机制、人员的控制，缺乏统一的对外投资牵头管理部门，导致职责不清、决策效率低。

2.投融资风险

在国有企业混改过程中，需要根据企业自身情况综合考量是利用自有资金还是选择外部融资对外并购投资，这就要考虑资金供给、融资时机和融资结构风险等方面的问题。第一，资金供给方面，要考虑选择外部或内部融资渠道。外部融资时，资本市场波动、融资工具等因素都会影响资金使用时点及成本。第二，融资时机风险。融资款到位时间早，会增加资金使用成本或提高机会成本；到位过晚，则会影响整体并购进程。第三，融资结构的风险。股权融资比例过高，会稀释控制权；债务融资比例过高，则会增加债务风险。

二、风险处置

国有企业是中国特色社会主义的重要物质基础和政治基础，扮演"党执政兴国的重要支柱和依靠力量"的角色，监管的核心目标是推动国有企业高质量发展，确保其有效履行经济责任、政治责任和社会责任，为中国式现代化提供坚实的物质支撑。

市场化经营的本质是经营风险，应对经营风险则需要完整的风险识别、风险评价、风险决策、风险干预机制。

风险治理的方式离不开外部监管和内部监管相结合。这是风险监管的无差别底线。风险治理的核心区别体现在风险决策分担机制。

在风险识别环节，混合所有制企业应当避免"风险厌恶"倾向，摒弃对错论，杜绝将风险的可能性绝对化的思想，倡导风险与收益的对立统一性，倡导以整体性和辩证统一性权衡风险利弊。

在风险评价环节，混合所有制企业应当结合自身实际情况，以稳健经营的风格采取相对谨慎的风险评价机制，以开拓探索的风格采取开放的风险评价机制。

在风险决策环节，面对风险与收益的关系，应以保值增值和风险收益均衡为指引。

在风险干预环节，面对不得不处置的风险问题，混合所有制企业应当以宽容的思想，以全局视角客观审视损失，建立科学风险处置方案，综合考虑社会与经济影响，从持续性、长久性、发展性角度化解风险，并对风险处置经验进行复盘总结，提取出经验，便于后续规避。

最后，面对风险损失，应弱化对错观念，量化风险损失，以个人利得和职务权级为依据，逐步将责任分担到个人，形成风险决策共担机制。同时，可引入外部风险处置专家，组建专业化团队科学处置风险。

三、警惕改革陷阱"一放就乱，一收就死"

改革"收"与"放"之间的问题根源在于收入分配和权责归属的不匹配。

当权力集中于行政，国有企业领导人以国有资产不流失为目标，收入小，权责大时，企业经营就进入风险厌恶状态，丧失积极性与主动性，不以企业发展为首要任务，而是回避责任，错失市场机遇。而当权力下放，监管信息断层，收入大，权责小时，容易导致权力的滥用，以发展为由头开展高风险经营，失去应有的风险识别与对冲能力，最终出现高风险、低收益甚至亏损的经营局面。

为避免"一放就乱，一收就死"，应从以下几方面入手。首先，在风险治理与监管优化上，应当摈弃"防盗式"的国有企业管理模式，避免国有企业领导人陷入风险厌恶状态；其次，治理与监管过程主要从管资本入手，清除国有企业经营层的顾虑；最后，完善企业内部的制约机制，通过聘请外部独立董事、明确监事层职责，让监事会真正发挥作用，形成有效的内部监管约束，使一线决策者能够参与风险管理的决策。

第四章

混合所有制企业的案例分析

第一节　混改企业运转的核心逻辑

混合所有制改革（混改）企业运转的核心逻辑可从两个层面来理解：母公司集团和混改公司本身。这两个层面的运作方式虽然有所不同，但都致力于提高企业的效率和竞争力。

一、母公司集团的运作方式

（一）搭班子

在母公司集团层面，核心目标是构建一个高效的管理团队。即选择经验丰富的管理者和领导者，他们能够洞察市场动态并把握企业的长期发展需求。

（二）定战略

母公司集团负责制定长远的发展战略，包括市场定位、业务扩展、技术创新等方面。这需要对市场趋势有敏锐的洞察力，同时十分了解企业内部资源和外部环境。

（三）带队伍

领导团队需要引领员工朝着共同的目标努力，确保企业文化和战略目标的有效传达与执行。

二、混改公司的运作方式

（一）先定战略

在混改公司层面，首先由股东确定公司的战略方向。混改企业的股东结构较母公司集团更加多元化，涵盖国有股东和非国有股东。这种多元化的结构有助于汇集多样化的观点和资源，从而制定更具市场竞争力的战略。

（二）再搭班子

董事会在混改公司中扮演核心角色，负责制定企业高层政策并监督管理层的运作。董事会成员的选择既反映了股东的利益和企业的战略需求，也要确保企业的长期稳定发展。

（三）最后带队伍

经营层负责具体的业务执行和日常管理。他们需要根据董事会和股东会的战略方向，实施具体的运营计划，同时调动和激励员工，以实现企业目标。

三、结论

无论是母公司集团还是混改公司，都需要在战略制定、团队构建和执行力度上进行有效协调。母公司集团更侧重于宏观层面的战略规划和文化领导，而混改公司则着重于在股东多元化的背景下实现具体的战略目标和运营效率。这种结合了国有企业的稳定性和私有企业的灵活性的模式，旨在提升整个企业集团的市场适应能力和竞争力。

第二节　成功案例分享

在本节中，笔者通过剖析成都宗文金融服务外包有限公司与攀枝花市花城投资有限公司的混改实践案例，深入探究了混合所有制改革的实施路径，选取了其他国有企业成功的混改案例进行详细剖析，带领读者从中汲取宝贵的经验，从而为自身的改革实践提供有力的借鉴与参考。

一、金融板块——×× 金融数字产业有限责任公司

（一）主体介绍

1.宗文金服

（1）公司简介

成都宗文金融服务外包有限公司（简称宗文金服）成立于 2015 年，是一家专注于"金融 + 产业"领域的综合性金融服务公司。公司以地方政府及地方国有企业为核心服务对象，为其提供综合金融咨询、供应链管理、虚拟金控体系搭建及产业相关服务等多元化专业服务。经过多年发展，宗文金服已成功在攀枝花市、乐山市分别与当地国有企业混改成立了多家子公司，包括攀枝花花问金服数字产业有限责任公司、乐山市铜文金服数字科技有限公司以及乐山市万兴金文供应链管理有限公司。

（2）经营范围

宗文金服的经营范围广泛，主要包括：接受金融机构委托从事金融信息技术外包；接受金融机构委托从事金融业务流程外包；接受金融机构委托从事金融知识流程外包（不得从事非法集资，吸收公众资金等金融活动）；企业总部管理；信息技术咨询；社会经济咨询；会计、审计及税务服务；会议、展览及相关服务；数据处理及储存服务；信息系统集成服务；软件开发等。

（3）发展历程

2015 年，宗文金服团队正式集结，以地方金融资产交易所私募产品为主营业务，为各级地方政府平台公司提供融资咨询服务。

2018 年，公司实现业务转型，从单一服务商升级为综合金融服务商，为地方政府融资平台提供包括债务分析、债务结构调整、融资工具匹配、资金匹配等全流程配套综合服务。

2019 年，宗文金服积极探索创新，着力打造"科技 + 金融"的服务模式，为地方政府融资平台提供"资产债务管理系统"，通过严控区域金融风

险、打造线上资源整合平台，整合各类C端及B端资金资源，有效提高地方政府融资平台的融资效率，降低融资成本。

2020年，公司成功收购四川天信拍卖有限公司，并依托互联网信息技术、成熟的运作团队及稳定的技术研究，以技术创新和模式创新为国有企业提供全新的创新拍卖服务。同时，创新打造出"拍一票"网络拍卖平台，该平台致力于为合作方及其用户提供"专业、高效、安全"的创新融合拍卖服务，聚焦国有企业供应链票据，为供应链核心企业及上下游提供资源整合服务，打造地方国有企业供应链金融生态圈，促进地方产业生态圈共荣发展。

2021年，宗文金服子公司攀枝花艾力芬特企业管理有限责任公司与攀枝花市花城投资有限责任公司合作，混改成立攀枝花花问金服数字产业有限责任公司。

2022年，公司继续拓展业务版图，相继与乐山市沙湾区钢河资源投资运营有限公司、犍为新万兴投资发展有限公司合作，混改成立乐山市铜文金服数字科技有限公司、乐山市万兴金文供应链管理有限公司。

2023年，宗文金服坚持"一个中心，两个基本点"的发展核心，以地方国有企业为中心，围绕"金融＋产业"两个基本方向，为地方国有企业提供更优质、更专业的综合金融服务。同年，公司与西南财经大学人文与艺术学院建立合作关系，成为该院大学生的校外实践教育基地，开创了校企合作的新局面，为公司注入了新的发展动力，实现了双方的共赢发展。

2.××投资有限责任公司

××投资有限责任公司是一家涵盖投资、开发、建设、运营等多元化业务的企业，以规划区为核心，业务涵盖土地一级市场开发整理、基础设施建设、园林绿化景观工程建设、房地产开发、国有资产经营管理以及新区开发建设投资与融资等领域。此外，公司还承担着引进、联合国内外实力雄厚的企业，投资新区重大基础设施和公共设施项目的功能，同时配合有关职能部门开发新区土地一级市场的重要任务。

（二）混改动因

1.解决融资问题和提高融资效率

地方政府融资平台面临的主要问题之一是融资程序复杂和信息不对称。

混改成立综合金融服务公司，可协助平台公司解决与其他资金供给方信息不对称等问题，简化复杂的融资程序，提供多元化、高效且成本可控的定制化整体融资服务，助力解决地方政府隐性债务问题。引入民营公司市场化的经营理念，能在服务平台公司的过程中，有效减少和控制风险，建立长期防范机制。这不仅能为平台公司提供资金安全保障，还能提高经营效率，使其在解决融资问题的基础上实现快速发展，为地方经济发展奠定良好经济基础。

2.优化债务结构

××地区面临地方政府债务结构不合理和债务成本较高的问题。从结构上看，地方政府融资平台债务中非公开发行债务占比较大，更多依赖于本地非公开融资，这反映出地方政府融资平台债务结构不合理、债务成本较高的问题。因此，可以通过混改公司推进地方政府融资平台采取多渠道的融资方式，优化债务结构，降低债务成本，从而减轻地方政府的财政压力。同时，混改公司能够积极稳妥地降低××地方政府债务风险，推动融资平台的市场化转型。在此基础上，混改公司还将积极助力当地获取金融牌照，提升国有资本的运作能力，为后续成立金控平台奠定基础。

（三）混改路径

混改时间进度见表6。

表6 混改时间进度表

时间	事项	主负责人	协助人
第一阶段	1.确立混改注册要素：公司名称、注册资本、法人、股东、股比告示等	民营股东	国有企业
	2.确立公司定位、未来发展方向、经营范围		
第二阶段	1.完成《公司设立建议书》《风险评估报告》	民营股东	国有企业
	2.完成《出资协议》《公司章程》		
	3.了解当地工商注册流程，完成各股东工商注册（若有）		
第三阶段	1.将上述材料及方案上报至各股东审核	国有企业	民营股东
	2.协助进行资料调整、上会、汇报等事宜		
	3.平台公司向上级汇报请示，争取批复同意		
第四阶段	1.确定混改公司高管人选	国有企业	民营股东
	2.完成混改公司工商注册流程、银行开户流程等		
	3.取得混改公司工商牌照及印章		

2021年，星河科技团队协助宗文金服和××投资有限责任公司混改成立综合金融服务公司——××金服，助力××市金融更好发展。

××金融数字产业有限责任公司成立于2021年6月8日，是××投资有限责任公司第一个控股混合所有制企业，也是宗文金服与国有平台公司的首次混改合作。通过两家公司的强强联合，××金服形成以"金融+产业"为主体，集专项融资服务、负债结构调整、金融增值服务、相关产业搭建、数字产业、产业投资等功能于一体的综合型服务公司。

截至2022年，又有两家混改公司落地××地区。星河科技团队协助宗文金服与××投资运营有限公司混改成立综合金融服务公司——××金服；同时，星河科技团队协助宗文金服与××投资发展有限公司混改成立供应链管理有限公司——××金服，共同助力××市金融产业蓬勃发展。

（四）混改效果

通过混合所有制改革（混改）的实施，显著提升了地方企业的经营效率和市场竞争力。以下是混改效果的详细分析。

1.提升企业信誉和资金实力

2021年8月，宗文金服协助××投资有限责任公司完成AA评级事项，使其成为××市级平台第三个获得AA评级的主体。在市级监管领导的关心支持下，宗文金服还为××公司定向引入供应链工具CBC。一方面构建了××公司稳定的经营性现金流入渠道，另一方面为其长期发展提供流动性资金支撑。截至目前，相关拍卖成交金额已达5亿元。××金服基于自身对政策研判以及在资源整合、资本运营、科技开发的综合优势，稳定完成了成立集团公司的材料上报、结构组织搭建等协助工作，为稳定走向集团化的现代企业提供了定制化服务。此外，××金服还成功获得由省级金融局审批的省内第十四张国有控股的商业保理牌照，为后续××集团在攀枝花当地成立金控平台奠定了基础。

通过与宗文金服的合作，××投资有限责任公司成功完成了AA评级事项并获得牌照，显著提升了企业信誉。这不仅使××公司成为××市级平台中的佼佼者，还增强了其在金融市场上的借贷能力和融资条件。此外，通过引入CBC等供应链金融工具，企业获得了稳定的经营性现金流，进一步增强了资金实力和流动性，为其长期发展提供了坚实支撑。

2.引入市场化管理提升经营效率

混改引入的民营资本不仅提供了资金支持，还带来了市场化的管理理念和先进的管理经验。这些新的管理理念和经验显著提升了企业的整体管理水平，特别是在决策效率、市场适应性和技术创新方面发挥了重要作用。××集团在组织结构搭建和集团化运作方面的成功，正是市场化管理带来的积极成效的体现。

3.专业人才引进和留用

混改后，企业运营模式更加灵活，更善于运用市场化的人才选拔机制来吸引和留住人才。通过提供具有竞争力的薪酬和发展平台，企业成功吸引了包括昆明、成都及成渝经济圈内的优秀人才。人才的引进和有效利用对企业提升创新能力和市场竞争力至关重要。

4.实现资源跨区域流动和利用

通过设立混改公司的外地分公司，××地区的企业能够更有效地吸纳外部资源，拓宽贸易推广和资金使用的渠道。这种跨区域的资源流动和利用不仅拓宽了企业的经营视野，还使企业能够更好地把握行业发展的新动向，充分有效利用优质资源。

5.助力地方产业发展。

混改公司作为金融和实体产业的重要依托，以非标融资和项目承接为切入点，为地方产业发展提供了有力的支持。以整合区域资源、成为区域龙头企业为宗旨的混改公司，不仅促进了当地产业的规范发展，还提升了整个区域的经济实力。

（五）混改启发

1.混改企业在提升金融服务效率中的作用

××金服作为一家混合所有制企业，在提升金融服务效率方面发挥了重要作用。通过与宗文金服的深度合作，××金服不仅成功协助××投资有限责任公司完成AA评级，还为其引入了先进的供应链金融工具CBC。这一过程展示了混改企业在整合资源、提高金融服务效率、构建经营性现金流入方面的独特优势。

2.混改企业在促进金融创新和产业升级中的角色

××金服的案例表明，混合所有制企业可以在金融创新和产业升级中发挥重要作用。通过在数字产业和产业投资方面的活动，××金服不仅为××市提供了多样化的金融服务，还推动了相关产业的发展。这种"金融+产业"的模式有效结合了金融服务与实体经济的发展，为地方经济的整体提升做出了贡献。

3.混改企业在优化地方政府融资平台中的作用

作为××投资有限责任公司的控股子公司，××金服在优化地方政府融资平台方面发挥了重要作用。通过协助××公司完成集团化改造，××金服为地方政府融资平台的市场化转型提供了有力支持。这不仅提升了融资效率，还为地方政府债务的稳妥处理提供了新的途径。

4.混改企业在获取金融牌照和提升地方金融实力中的贡献

××金服成功获得了省级金融局审批的商业保理牌照，这不仅是对其自身实力的认可，也为××市的金融市场发展奠定了基础。通过获取金融牌照，××金服为地方金融市场的多元化和专业化发展提供了重要支持，同时也为××市进一步成立金控平台创造了有利条件。

总的来说，××金服的案例展示了混合所有制改革在提升金融服务效率、促进金融创新与产业升级、优化地方政府融资平台以及提升地方金融实力方面的重要作用。这些经验对于理解混改企业在现代化经济体系中的作用具有重要的启发意义。

二、金融板块——××金服数字科技有限公司

（一）主体介绍

1.宗文金服

前文已介绍，此处不再赘述。

2.××投资运营有限公司

××投资运营有限公司成立于2019年。该公司的经营范围广泛，包括非煤矿山矿产资源开采；建设工程施工；河道采砂；河道疏浚施工专业作业；道路货物运输（不含危险货物）；非金属矿物制品制造；非金属矿及制品销售；选矿；矿物洗选加工；矿山机械销售；非金属矿物材料成型机械制造；金属矿石销售；土地整治服务；机械设备租赁；金属材料销售；建筑材料销售等。××投资运营有限公司自成立以来，致力于推动地方经济发展和改善

民生，以市场为导向，以科技创新为动力，积极拓展业务领域，不断优化产业结构，提升服务质量。

××投资运营有限公司始终坚持"以质量求生存、以信誉求发展、以创新求突破"的企业理念，不断加强内部管理，积极拓展市场，提升企业核心竞争力，实现可持续发展。

（二）混改动因

1.外部动因

（1）市场环境的变化

金融市场环境的快速变化要求金融服务公司必须具备高度的灵活性和适应性。传统的国有金融机构面临着市场化竞争的压力，特别是在数据服务、信息咨询和技术开发等领域。这一趋势要求××金服必须引入新的运营模式和管理经验，以适应市场需求的快速变化。

（2）金融科技的发展

金融科技的快速发展对传统金融机构既构成挑战，也带来了新的发展机会。随着人工智能、供应链管理等技术的进步，××金服需要与这些新技术融合，通过混改引入新的技术能力和创新思维。

（3）对高效金融服务的需求增加

随着经济的发展，市场对高效、多元化金融服务的需求日益增加。这要求××金服必须通过改革提升服务效率和质量，特别是在数据服务和信息咨询领域，以更好地满足市场和客户的需求。

2.内部动因

（1）提高经营效率和盈利能力。

××金服通过混改引入民营资本和市场化管理经验，旨在提高自身的经营效率和盈利能力。民营资本的引入为公司带来了新的管理理念、运作模式和市场导向思维，有助于提升公司在金融服务领域的竞争力。

（2）促进国有金融机构的改革和转型

混改是推动国有金融机构改革和转型的重要手段。××金服通过混改向市场化、现代化方向发展，包括引入先进的金融科技、优化服务流程和提高决策效率，从而使××金服能够在金融市场上保持竞争力。

（3）推动地方金融市场的发展

××金服的混改还体现了推动地方金融市场发展的需求。通过与地方平台的合作和CBC模式的应用，××金服不仅提升了自身的服务能力，还促进了地方金融市场的多元化发展，提高了地方金融服务的效率和效果。

（4）实现资源优化配置和风险控制

通过混改，××金服能够实现资源的优化配置，特别是在资本运营和科技开发方面。同时，引入市场化的运作模式有助于更有效地控制和管理风险，从而确保公司的长期稳定发展。

（三）混改路径

混改时间进度见表6。

2022年8月31日，××金服数字科技有限公司成立。作为成都宗文金服与××地区国有平台公司的首家混改企业，公司的业务范围涵盖数据服务、信息咨询、技术（软件）开发、人工智能和供应链管理等多个领域。展现了其在综合性金融服务方面的雄厚实力。多元化的业务布局不仅反映了××金服在金融服务领域的专业能力，也体现了其对市场需求和未来发展趋势的深刻洞察。××金服数字科技有限公司的成立标志着××地区在金融服务领域迈出了重要的一步。××金服不仅是一家普通的金融服务公司，其还代表着一种深刻的改革和转型。

（四）混改效果

1.提高经营效率和盈利能力

引入民营资本后，××金服成功吸收了市场化的管理经验和运作模式。截至2023年，××金服已协调地方平台通过CBC模式完成拍卖成交金额近7亿元。

这不仅提高了公司的经营效率，也增强了其盈利能力。市场化的运作模式使××金服能够更加灵活地应对市场变化，快速作出决策，有效提升了资源配置的效率和盈利模式的多样性。

2.促进国有金融机构改革和转型

作为国有平台公司的混改企业，××金服在推动国有金融机构改革和转型方面发挥了重要作用。通过混合所有制的模式，公司成功地将市场化的元素融入国有企业的运营体系中，为国有金融机构向市场化、现代化方向转型提供了有力的支持。

3.推动地方金融市场的发展

××金服通过与地方平台的合作和应用创新金融模式（如CBC模式），有效推动了地方金融市场的发展。这不仅为地方经济注入了新的活力，也为地方金融服务的多元化和专业化提供了新的思路。

4.增强地方经济发展的动力

××金服协调地方平台通过CBC模式完成的拍卖成交金额近7亿元，这一显著成绩不仅证明了公司在金融服务领域的实力，也体现了其在促进地方经济发展方面的重要作用。通过有效的资金筹集和利用，××金服为地方经济增长提供了稳定的资金支持。

5.提升地方金融服务的水平

作为一家集多项金融服务功能于一体的综合性服务公司，××金服有效提升了地方金融服务的水平。公司通过提供专业的数据服务、信息咨询和技术开发等服务，满足了市场对高质量金融服务的需求，同时也推动了地方金融服务的专业化和现代化。

6.加强技术应用和创新

在人工智能和供应链管理等技术领域，××金服展现了强大的技术应用和创新能力。通过应用最新技术，公司不仅提高了服务效率，还开拓了新的业务领域，为公司的长期发展奠定了坚实的基础。

（五）混改启发

××金服的案例在多方面提供了重要启发，特别是在国有企业混合所有制改革和金融服务创新领域。以下是从该案例中得到的主要启示。

1.混合所有制改革的有效性

××金服的成功展示了混合所有制改革在提升国有企业效率和竞争力方面的有效性。通过引入民营资本和市场化的管理经验，××金服实现了管理结构和运营模式的优化。这种改革不仅提升了公司的经营效率和市场适应性，也增强了其盈利能力和创新能力。这为其他国有企业提供了转型升级和应对市场挑战的成功案例。

2.金融服务创新的重要性

××金服在提供金融服务领域的创新体现了对市场需求的深刻理解和对技术发展的积极应用。公司不仅提供传统金融服务，还涵盖数据服务、人工智能、供应链管理等高新技术领域，显示了金融服务行业多元化和专业化的重要性。这种创新思维和模式对推动金融行业的发展具有重要意义。

3.促进地方经济发展

作为一家地方国有平台公司的混改企业，××金服在推动地方经济发展方面发挥了积极作用。公司通过创新金融模式和高效资金运作，为地方经济提供了稳定的资金支持和服务。这不仅增强了地方金融市场的活力，也为地方经济发展注入了新动力。

4.技术应用与产业融合的策略

××金服为技术应用和产业融合方面的策略制定提供了重要启发。公司成功将金融服务与高新技术相结合，提高了服务效率，拓展了业务范围。这种金融服务与技术创新相结合的模式为金融行业提供了新的发展方向，同时也为其他行业提供了技术应用和产业融合的参考。

三、金融板块——×× 供应链管理有限公司

（一）主体介绍

1.宗文金服

前文已介绍，此处不再赘述。

2.×× 投资发展有限公司

×× 投资发展有限公司成立于2017年，是一家充满活力和创造力的企业。×× 投资发展有限公司以土地整理、房地产开发和销售、物业管理为主要业务，同时涉及计算机软硬件及系统技术开发、企业管理、广告设计制作和发布等领域。公司凭借着专业的团队和卓越的管理能力，为客户提供高品质的服务和产品，赢得了广大客户的高度信任和好评。

（二）混改动因

第一，×× 供应链管理有限公司的成立是响应当前金融市场和供应链管理领域日益增长的需求。随着经济全球化的深入发展和国内市场竞争的加剧，有效的供应链管理和金融服务对于提升企业的市场竞争力至关重要。在 ×× 县，传统的金融服务模式已难以满足市场需求，急需通过混合所有制改革引入新思维和技术，优化供应链和金融服务结构。

第二，该公司的成立体现了对优化融资结构的需求。在传统国有企业模式下，融资渠道往往相对单一，且在效率和成本上存在局限。×× 公司通过混改，不仅能够吸引更多民营资本，扩大融资渠道，还能借助民营资本的灵活性和创新性，提高融资效率和降低融资成本。

第三，×× 公司的改革还体现了对高效数据支持和技术支持的需求。在数字经济时代，数据分析和技术创新是提高企业竞争力的关键。作为一家混改公司，×× 公司能够更有效地利用市场化的资源，引入先进的数据处理技术和信息系统，从而提升企业的决策效率和市场适应性。

第四，×× 公司的改革还体现了对信息咨询和企业管理服务的提升需求。

在市场经济环境下，企业决策所面临的市场复杂性和需求不确定性日益增加，专业的信息咨询和企业管理服务成为企业发展的重要支撑。××公司通过提供这些服务，不仅为地方企业提供了更加专业和高效的支持，也为自身的发展创造了更广阔的市场空间。

第五，××公司的成立和运营反映了积极的地方发展策略。通过在地方辖区内成立混改公司，××市不仅优化了当地的融资环境，还为地方经济的发展注入了新的活力。地方政府能够更有效地利用市场化手段促进经济发展，提升地方经济的整体竞争力。

供应链管理有限公司混改时间进度表见表6。

（三）混改路径

2022年12月14日，××供应链管理有限公司在××市下属辖区××县成立，其性质为国有平台混改公司。公司旨在为××县地区平台提供金融领域的供应链管理、数据支持、技术支持、信息咨询及企业管理等功能，目前，公司已通过土地拍卖实现成交金额近2亿元。

（四）混改效果

1.优化融资结构与扩大资金来源

××公司通过混改，优化了融资结构，扩大了资金来源，成功吸引了民营资本，为公司带来了新的资金注入。这不仅增强了公司的资金实力，还为其业务扩展和市场竞争奠定了坚实的基础。例如，在2023年1月，该公司就成功募集到1亿元资金，显示出改革后的资金筹集优势。

2.提升供应链管理效率

作为一家专注于供应链管理的公司，××公司在改革后显著提升了供应链管理的效率。公司通过引入先进的管理技术和方法，优化了供应链流程，提高了整体运营效率。这种效率的提升不仅降低了运营成本，还提高了客户服务水平，增强了市场竞争力。

3.加强数据和技术支持能力

在数字经济时代，数据和技术的支持对企业至关重要。××公司的改革加强了公司的数据处理能力和技术应用能力。公司通过引入新的数据分析工具和技术平台，提高了数据处理的效率和准确性，为其决策和市场分析提供了有力的支持。

4.扩展信息咨询及企业管理服务

混改后的××公司在信息咨询和企业管理服务方面取得了显著成就。公司通过提供专业的咨询服务和企业管理解决方案，帮助客户优化管理结构、提升经营效率。这不仅使公司赢得了良好的市场声誉，也为其未来的业务发展奠定了坚实基础。

5.促进地方经济发展

作为××县地区国有平台混改公司，××公司的成立和运营对当地经济发展产生了积极影响。公司的业务扩展和成功的市场表现不仅为当地带来了经济效益，还为当地的供应链管理和金融服务行业注入了新动力。

（五）混改启发

1.混合所有制改革的有效性

××公司的案例验证了混合所有制改革在提高国有企业效率和市场适应性方面的有效性。通过引入民营资本和市场化运营模式，公司不仅增加了资金来源和财务稳定性，还引入了新的管理理念和运作方法。这种混改模式为国有企业转型提供了有益借鉴，特别是在提高经营效率和市场竞争力方面。

2.供应链管理的创新与优化

作为一家专注于供应链管理的公司，××公司在供应链的创新和优化方面提供了有益借鉴。公司通过采用先进的技术和管理方法，提高了供应链操作的效率，优化了成本结构和服务质量，为其他企业优化其供应链管理提供了宝贵的经验。

3.技术在企业转型中的关键作用

××公司通过强化数据支持和技术应用，突出了技术在企业转型和升级中的关键作用。特别是在金融服务领域，技术应用能显著提高服务效率，降低运营成本，增强客户体验。对于追求持续创新和适应快速变化市场的企业来说，这一点尤为重要。

4.推动地方经济发展的企业角色

××公司作为地方国有企业的混改案例，在促进地方经济发展方面发挥了重要作用。公司的成功不仅提升了自身的市场地位，也为当地经济发展注入了动力。这表明，国有企业通过适应市场需求、积极参与地方经济活动，能够成为推动地方经济增长的重要力量。

四、能源板块——中国石油化工集团公司

（一）主体介绍

中国石油化工集团公司（简称中石化集团），成立于1998年7月，是基于原中国石油化工总公司重组而成的大型企业集团。主要从事石油和天然气的勘探、开采、储存（包括管道运输）、销售以及综合利用，是国内成品油和石化产品供应商巨头，根据2024年《财富》杂志公布的世界500强企业排名，中石化集团位列第5。

（二）混改动因

1.市场需求萎缩与供需失衡

自2013年起，中国经济增速放缓，产业结构调整和转型升级深入进行，直接影响了成品油的需求增长。具体表现为汽柴油消费量增速放缓，尤其是柴油消费量大幅下降，汽油消费增长也明显放缓。这一需求侧的变化与供给侧的情况形成了鲜明对比。2016年，汽柴油产量合计仍呈现增长态势，尤其是汽油产量同比大幅增加，而柴油产量同比略有下降。这种供需不匹配的状况导致市

场供应过剩，价格下跌，进而挤压了企业利润空间，加剧了市场竞争。

2.原油产量下滑与油田减产

2016年的数据显示，中石化集团油气产量下降，原油产量大幅减少，尽管天然气产量有所上升，但仍无法弥补原油减产的损失。产量下降和探明储量的持续下降，使得中石化集团面临资源枯竭的风险。

3.新能源替代和共享经济的冲击

随着新能源汽车政策的支持和环保意识的提升，新能源汽车迅速发展，尤其是电动汽车的普及。这不仅改变了能源消费结构，也对传统石油能源市场构成冲击。新能源替代对传统能源企业构成直接挑战，特别是在经济发达地区，新能源汽车的快速增长使传统汽柴油的需求进一步萎缩。

4.央企改革的推动

我国政府提出的国有企业混合所有制改革，旨在通过引入民营资本、优化企业治理结构、增强激励机制等方式，提升国有企业的市场竞争力。对于中石化集团等央企而言，混改既是应对市场挑战的需要，也是实现高效灵活经营的契机。混改政策为中石化集团的重组改革提供了方向和动力。

5.国际油价持续走低的影响

自2008年金融危机以来，国际油价持续走低，对石油行业造成了巨大压力。油价的持续低迷不仅影响了中石化集团等石油企业的营业收入和利润，也加剧了上游勘探企业的经营困难。在低油价环境下，中石化集团面临的经营挑战加剧，迫使其寻求转型和多元化发展的路径。

（三）混改路径

1.重组上市

2000年2月，中石化集团启动了以"主辅分离、主业上市"为核心的改革重组。这一过程中，中石化集团对资产进行主辅分离，将所有优质资产和高效盈利的业务纳入新成立的中国石油化工股份有限公司（简称中石化），同时剥离盈利能力较弱的辅助产业。

2000年10月，中国石油化工股份有限公司在香港、纽约、伦敦三地同时上市，标志着其成为首家在海外三地上市的中国企业。2001年8月，中石化又在上海证券交易所成功上市。这些举措不仅为中石化引入了巨额资金，还标志着其正式踏入国际资本市场。

上市后的中石化管理更加精细化，信息披露及时透明，为其长期稳定发展奠定了坚实基础。这一系列改革为中石化解决资金问题、优化企业结构和管理模式提供了有效途径，同时也为其他国有企业的国际化发展提供了宝贵经验。

2.中国石化销售有限公司概况

在21世纪初的国有企业改革浪潮中，中石化集团顺应国家政府推行的"主辅分离"政策，通过剥离不良资产并对优质资产进行重组上市，响应了改革号召。在这一过程中，中石化集团成立了专门的销售公司，其核心职责是销售上游企业生产的成品油。政策调整、宏观经济的波动以及国际油价的变动是影响成品油销售的主要因素，这些因素会在销售模式、规模和利润水平等方面对成品油销售造成影响。

为了应对宏观经济的低迷和国际油价下降的影响，中国石化销售有限公司决定将重点转移到易捷非油品业务的销售上，寻求效益增长的新途径。在混改重组之前，公司已利用现有营销网络，尝试开展多项新兴业务，如便利店销售之外的广告和汽车服务等。但由于管理经验不足、团队专业化程度有限以及网络营销资源匹配不足，这些新业务的发展受到限制。因此，为了充分挖掘非油品业务领域的潜在机遇，销售公司急需在有限的时间内获取必要资源。

3.中国石化销售有限公司混合所有制重组改革

中国石化销售有限公司的所有制重组改革始于2014年，经历了一系列战略性决策和调整，最终实现了混合所有制转变。

2014年，中石化集团面临诸多挑战，包括资产收益率低、业务繁杂、产业结构不合理、管理层级繁多、人员超编等。特别是自2014年起，国际油价持续处于低迷状态，使上游企业遭受重大经济损失。

此外，销售板块也遇到了经营瓶颈，市场增量动力不足，销售规模已经接近极限。

为应对这些挑战，中石化集团决定对销售板块进行混合所有制重组改革。2014年9月24日，中石化集团与国内外多家投资企业签署了《关于中石化销售有限公司之增资协议》。根据协议这些投资企业共计出资1070.94亿元，认购增资后销售公司29.99%的股权。此次改革遵循产业资本优先、国内投资者优先和优先让利群众的原则，确保了改革的公平、公正和公开。

此次改革盘活了中国石化销售有限公司原有加油站业务，与大润发、喜士多等公司联手开展非油品业务，实现了营业额的显著提升。同时，通过与1号店的合作，实现了线上线下业务的互联互通，开辟了新的加油站业态。公司不仅提供传统加油服务，还拓展了洗车、修理、餐饮等服务，致力于打造综合性的汽车驿站。

（四）混改效果

1.非油品业务成为新的收入增长点

中国石化销售有限公司（简称中石化销售）的混合所有制重组改革不仅吸引了25家社会和民营资本的参与，还重塑了公司的业务结构，尤其在非油品领域取得了显著的成就。虽然外界对29.99%股权出让的效果存有质疑，担忧未能彻底改变国有企业一股独大的格局，但改革的真正目标是快速调整原有业务结构，挖掘新市场，实现转型升级。与欧美市场相比，中国非油品业务的发展拥有极大的潜力和广阔的空间，吸引了大量投资者的关注和参与。

2014年9月，中石化易捷与喜士多在上海的联合便利店合作开设了8家店面，这标志着易捷正式踏入零售行业。这一合作在短短的20多天里便显著提升了便利店的日均销售额，增长幅度达到了50%。这不仅展示了双方资源优势的有效结合，也证明了强强联合的成功。这一成绩预示着中石化销售在非油品领域的巨大潜力。

中石化销售的非油品业务通过强化零售和服务，与大润发、喜士多等品

牌的合作，以及线上线下业务融合，成功地扩展了加油站的业态。这些措施
使加油站从单一的加油服务转变为综合服务，提供洗车、修理、餐饮等多样
化服务，极大地提升了消费者体验，为公司带来了新的收入增长点。因此，
中石化销售的混改不仅推动了公司业务结构的转型升级，还为公司未来发展
开辟了新的增长空间。

2. 资源互补带来"双赢"

中石化销售的混合所有制改革通过引入社会资本，有效实现了公司优质
资源的互补和业务转型。中石化销售拥有国内数一数二的零售网络，包括超
过3万座加油站和2万余座易捷便利店，但也面临经营管理机制不灵活、对新
兴业务不敏感等问题。其传统的销售业务主要集中在油品和化工产品，而在
便利店零售行业经验不足。与行业内的竞争对手相比，中石化销售在销售方
法、供应链管理、成本控制和售前售后服务等方面均显不足。

面对这些挑战，中石化销售的混改不仅仅是引入资本，更重要的是引入
了市场化的运营理念和管理模式，尤其是在汽车服务、O2O、广告、便利店
零售、金融等非油品业务方面。

通过这种合作，中石化销售迅速获得了新业务领域的先进经验和供应链
资源，大大降低了其在非油品业务上的时间和资金成本，为公司未来的转型
和长期稳定发展提供了新的增长点。同时，社会资本借助中石化销售庞大的
加油站网络快速扩展业务范围、提升知名度。这种模式不仅实现了双方资源
的优势互补，还产生了超出单纯资本注入的1+1>2的协同效应。因此，中石
化销售的混合所有制改革不仅改善了其自身的业务结构，也为社会资本提供
了巨大的发展平台，实现了真正的双赢。

3. 战略投资者为企业带来良性发展

中石化销售的混合所有制改革通过引入战略投资者，不仅为公司带
来了巨额资本注入，而且在财务协同效应方面也取得了显著成效。随着
业务范围的扩大和开采炼化、加油站土地投资成本的增加，中石化集团
的资产负债率一度高达54%，远高于国际大型石油公司20%~30%的平

均水平，引发了较高的财务风险。为了应对这一挑战并实现健康长远的发展，中石化集团选择通过混改引入多家公募基金、投资机构及私募股权投资公司。

这些公司之所以能够成为中石化集团混改的优选对象，一方面是因为中石化集团迫切需要他们带来的资本投入以缓解负债压力；另一方面也是为未来中国石化销售有限公司的分拆上市做好准备。大量资金注入不仅为中石化集团带来了新的活力，还弥补了其在资本运作方面的不足。

4.公司管理效率提升

中国石化销售有限公司在混合所有制改革后实现了公司治理体制的显著改善，尤其在用人机制上的改革尤为突出。增资完成后，中石化销售公司按照"专业化、市场化"的原则，对管理和体制进行了重大改变，使公司更加贴近市场需求。2014年9月，中石化销售公司引入了职业经理人负责易捷公司的非油品业务管理，这一变化与以往政府部门直接任命管理层的方式形成了鲜明对比，标志着管理体制的质变。

中国石化销售有限公司通过建立市场化的董事会和引入职业经理人，致力于将自身转变为真正的现代化企业，其管理机制以市场化体制为核心。这一转型不仅促进了公司在传统油品销售业务上的稳定发展，更重要的是推动了非油新兴业务的增长，例如广告、金融和O2O等领域。公司不断拓展业务范围，提高管理效能，开发新的盈利增长点，旨在实现企业价值最大化。这一系列改革举措不仅提高了公司的管理效率，还为销售公司带来了新的活力和竞争优势，展现了混改在提升公司治理体制方面的成效。

（五）混改启发

1.混改带动混业

中石化集团的混改不仅引入资本，更重要的是引入了创新和多元化的思维方式。通过与产业投资者合作，推动了传统行业的创新与转型，为其他仍在传统领域探索的国有企业提供了重要借鉴。混改为中石化集团提供了突破传统行业束缚的机会，拓宽了业务范围，创新了经营模式。

2.互利共赢的合作模式

通过混合所有制改革，中石化集团与产业投资者的结合展现了优势互补。中石化集团借助投资者的行业经验和资源优势发展新业务，投资者则依托中石化集团庞大的网络优势拓展市场。这种合作模式不仅提升了中石化集团的市场竞争力，也为投资者带来了新的发展机遇。

3.国有企业改革的新路径

中石化集团混改的成功为其他国有企业提供了转型升级的新路径。在市场环境不断变化的背景下，国有企业面临的挑战日益增加，传统的经营管理模式已难以适应。混改通过引入外部资本和管理经验，激发了企业内部的创新活力，有助于推动企业持续发展，提升市场适应性。

4.国有企业改革的宝贵经验

中石化集团的混改经验为其他国有企业提供了宝贵借鉴。从资本引入到实际运作，中石化集团展示了如何在混改中平衡各方利益、有效利用市场机制以及实现企业战略目标。这一经验对于正在或将要进行混改的央企具有重要的指导意义，尤其是在通过混改实现企业战略转型和增强市场竞争力方面。

五、房地产板块——招商局蛇口工业区控股股份有限公司

（一）主体介绍

1.招商蛇口

招商局蛇口工业区控股股份有限公司（简称招商蛇口），前身是蛇口工业区，是招商局集团旗下城市综合开发运营板块的旗舰企业，中国领先的城市和园区综合开发运营服务商。蛇口工业区成立于1979年改革开放之初，是中国第一个对外开放的工业区。2015年，招商局蛇口工业区吸收合并招商地产，重组为招商局蛇口工业区控股股份有限公司，并重新在A股上市，转型为城

市和园区综合开发运营服务商。

招商蛇口以"蛇口的基因实现创新价值；以商业践行国家战略"为宗旨，致力于建设智慧园区、智慧商圈和智慧社区。招商蛇口是一家以园区经营和发展为主的企业，其在蛇口工业园区的成功经验获得业内高度认同，在全国多个地方进行推广，并与深圳多家企业联合打造了一系列的大型房地产项目，形成了一套独具特色的土地开发经营模式。招商蛇口在开发业务、资产运营和城市服务等多个领域积累了独特优势，形成了涵盖住宅、园区、商业、邮轮、物业等多元化的业务布局。

2.招商地产

招商局地产控股股份有限公司（简称招商地产），其前身可以追溯到蛇口工业区建设指挥部房地产科，是中国较早进入房地产领域的公司，拥有招商局物业管理有限公司、招商供电公司等园区配套产业，产业链条延伸至房地产开发的各个领域。1993年招商地产在中国深圳证券交易所上市。

招商地产自成立之初，就以稳健的经营方式不断积累资金，在业内处于领先地位。多年来，招商地产已经形成了一套完善的管理制度，获得了业界的广泛认同。但是，随着商业重心的转移，招商地产逐渐跟不上产业发展的脚步。即便招商蛇口将其卖出的资金投入到招商地产中，也不能改变其在业内的地位。2000年以后，随着房地产业的全面发展，招商地产无论是业绩还是增长速度都落后于金地集团、保利发展、万科等企业。

（二）混改动因

1.外部动因

（1）政策推动

2013年以来，国家出台了一系列支持国有企业混合所有制改革的政策。政策文件强调，要推动国有企业全面改革并实现整体上市，为其创造良好的政策环境。同时，政府也积极引导符合条件和有需要的国有企业，通过整合上市和并购重组等方式，优化股权结构。政府还鼓励通过多元化的市场融资渠道，积极引入各种类型的资本，逐渐形成多元化且有效制衡的产权结构与治理机制，推动国有企业混合所有制改革的实施。

2015年，国务院印发了《中国（广东）自由贸易试验区总体方案》，前海蛇口地区被正式列入自贸片区。同年，广东省政府和深圳市政府先后发布了《中国（广东）自由贸易试验区建设实施方案》《中国（广东）自由贸易试验区深圳前海蛇口片区建设实施方案》。明确了前海蛇口自贸片区的战略定位、总体目标和功能布局，标志着自贸试验区建设各项工作的全面展开，前海和蛇口两个自贸区块的建设进入了全新的发展阶段。面对新的发展机遇，招商蛇口急需改进运营模式，提高自身竞争力，为建设自贸片区奠定基础。因此，在诸多外在政策的支持与推动下，招商蛇口以整体上市的形式实施混合所有制改革，成为必然选择。混合所有制改革有利于引进战略投资者，完善公司治理，推行员工持股计划，建立长期有效的激励机制，提升公司竞争力。同时，混合所有制改革将上市公司股东、董事会、监事会、高管、战略投资者等各方利益紧密绑定，形成了有效的治理机制。

（2）行业推动

自1998年以来，中国房地产业快速发展，带动城市化率大幅提升。经过十多年的快速发展，中小房地产企业大量涌现，市场规模不断扩张，行业利润率急剧下降，发展空间越来越小。随着房地产行业从增量时代步入白银时代，过去高速发展、多元发展的房地产企业出现了资源闲置与浪费的现象。在此大环境下，国有企业招商蛇口为凸显自己的优势，实施了"混改"战略。

2.内部动因

（1）整合资源，专注主业发展

在混改前，招商蛇口一直致力于城市和园区的建设和经营，积累了丰富的管理经验。但是，对于前海蛇口自贸片区的建设，仅仅依靠以往的经验远远不够。这项工作不但要有经济上的支撑，而且需要强大的运营和施工能力。在这样的背景下，招商蛇口面临着前所未有的严峻考验，需要提升自身实力和运营与施工的能力。

招商地产以商业地产为主。随着房地产业的快速发展，招商地产的市场占有率不断下滑。虽然招商蛇口不断地向招商地产注入资金，但仍然不能从根本上改变其弱势地位。此外，由于招商地产与招商蛇口的"各自为政"，两家公司在发展过程中出现了明显的背离。所以，这两家公司的发展现状急需改变。无论是招商蛇口还是招商地产，都要对自身的发展战略进行调整，通过整合资源与力量，转变发展方式，提升整体实力，以更好地应对不断变化的市场与政策环境。

（2）避免集团内同业竞争

在混改前，招商蛇口作为招商局旗下以园区运营、发展为主的企业，与招商房地产存在一定的业务重合。招商地产专注于社区开发及物业经营，其经营范围不断扩大，必然会与招商蛇口在市场及资源上形成竞争，从而引发行业内竞争。这种局面不仅造成了大量资源浪费，还降低了企业整体运作效率。

此外，招商地产与招商蛇口同属招商集团，这两家公司之间存在着大量关联交易，进一步造成资源浪费。例如，招商地产将物业管理与房地产开发相结合，出租给招商蛇口，从而产生了许多不必要的交易费用，加大了企业的经营成本。

为此，招商蛇口通过"混改"的方式，对招商地产进行了股权重组，并实现整体上市，从而有效避免了企业间的竞争与关联交易。招商局明确表示，集团仅招商蛇口一家经营这两个项目，确保了专业化经营。与此同时，集团还将对可能导致同业竞争和关联交易的业务进行重新梳理和整合，避免了不必要的资源浪费。

（3）优化资本结构，提高公司利润水平

2014年的年度报告显示，招商蛇口的资产负债率已经达到了73.02%。由于招商地产还在经营相关业务，所以相对于其他的物业公司来说，招商蛇口的资产负债率在业内是比较合理的，但是相对于其他的房地产开发商仍偏高。作为前海蛇口自贸片区的主体，招商蛇口面临大量投资需求，对资金的依赖度较高。由于当前招商蛇口资产负债率已高达73.02%，对招商蛇口来说并不理想，也不利于公司资产结构的优化。

因此，为了保证前海蛇口自贸片区工程的顺利实施，招商蛇口迫切需要寻找新的融资渠道。基于以上考虑，招商蛇口提出通过混合所有制改革，引进战略投资者并募集配套资金，为蛇口自贸区建设筹集所需要的资金，同时优化资本结构。此外，混改将有效地降低资产负债率，减少财务风险，进而提高公司的利润水平。

（4）解决经营困境

招商地产是中国东南海岸较早进入房地产市场的企业之一，1993年在深圳股票交易所上市，并发行了A、B两股股票；部分B股股票已在新加坡股票市场挂牌。招商地产是一家拥有多年经营经验的房地产开发公司，拥有一套完善的服务体系和标准的企业管理制度。然而，自2009年以来，面对越来越激烈的房地产市场竞争，尽管招商蛇口一直在注资，招商地产依然难以提升其在市场份额和行业中的位置。作为招商局旗下的企业，招商地产拥有中央企业的支持，可以让企业获得更多的土地，从而降低交易的费用。然而，随着招商地产业务的扩张，交易费用持续攀升，融资难度也相应增加。鉴于招商地产的优劣势，招商蛇口和招商地产的并购得以促成，既发挥了招商蛇口的优势，又弥补了招商地产的短板。

（三）混改路径

1.换股吸收合并整体上市

招商蛇口采用换股吸收合并整体上市的混改方案，其主要原因如下。

首先，换股吸收整体上市的先决条件是要有较多优质资产，且这些资产的估值通常要高于其上市时所需的最高价，这样招商蛇口、招商地产才有资格进行股份转让。最早的一家公司被拆分，导致招商蛇口的很多资产不能满足上市的要求，因此上市一事被搁置。随着招商蛇口的快速发展，其手中已积累了大量优质的资产，符合收购蛇口地产整体上市的要求。选择换股吸收合并的方式，不仅可以通过股权置换公司内部资源，还能优化资源配置。

其次，这种方式可以减轻企业的资金压力。换股吸收的主要形式是通过股份增发与参与合并方进行股份交换，无需大量现金支付，既降低了支付现金风险，又避免了资金闲置。另外，招商蛇口和招商房地产均为招商局集团旗下的全资子公司，符合本次重组的前提条件，即并购双方的管理层同意该交易，确保运营模式的统一。

最后，以同一控制下的公司为例。该方法不会受到其他外界因素的影响而进行换股吸收。由于招商蛇口和招商地产的经营范围有一定的重叠，因此在进行股权置换的时候，并不会引发产业冲突。

综上所述，招商蛇口选择换股吸收整体上市的方式进行混改是较为合理的。

2.引入战略投资者，募集配套资金

招商蛇口募集资金，很大程度上是因为其现有的财务状况不足以支撑其在前海蛇口自贸片区的建设。此外，招商蛇口混改前的负债比率在业内属于较高水平，难以继续通过举债融资。通过引进战略投资者、募集配套资金，既可以解决招商蛇口的融资难题，又可以进一步完善公司的治理结构，减少公司的财务风险。所以招商蛇口发布公告，向8名特定对象定向发行股份，募集配套资金11854164902.80元，合计非公开发行502295123股。合并完成后，招商蛇口总股本扩充至79亿股。

招商蛇口募集资金，主要是为了进一步完善蛇口的内部治理结构，构建现代公司治理结构，筹集资本以减轻公司的财务压力。同时，公司将员工持股计划引入内部，就是要建立一套有效的激励制度，让员工与公司的利益紧密相连，从而提高员工的工作积极性。本次员工持股计划以对公司做出重大贡献的核心员工为目标，股票在2016年初上市，参与认购的员工人数为2585人，认购股权总价约为6.6亿元人民币。

（四）混改效果

1.股权结构的变化

通过混合所有制改革，初步实现了招商蛇口的股权多元化。在混改之前，招商蛇口的股权是由招商轮船和招商蛇口共同持股，分别为95%和5%。从本质上讲，招商蛇口为招商局控股，其国有股权比例为100%。这种所有制结构限制了公司的发展，使公司的运营效率不高。但是，在这次混合所有制改革中，招商蛇口引进了战略投资者和员工持股，从而打破了国有企业"一股独大"的局面，给企业注入了新的活力。

在完成了混合所有制改革之后，招商集团依然拥有招商蛇口50%以上的股权，并且依然对招商蛇口拥有绝对的控制权。不过，与混改之前相比，国有企业股份的变动很大，从100%下降到71.28%，同时也引入了一些非国有资本，比如战略投资者、企业员工等，实现了从单一国有控股向多元化股东的转变，迈出了国有企业混合所有制改革的重要一步。

2.公司治理的变化

在这次混合所有制改革中，引入战略投资者，不仅是为了募集配套资金，更重要的是，通过对新资产的投资，可以大大提高中小投资者对新企业的信心，既能保护公司的利益，又能保护中小投资者的利益。从招商蛇口的董事会、监事会和管理层来看，董事会一共有11名董事，其中7名是董事长和副董事长，4名是独立董事；6名监事会成员，包括1名监事会会长，3名监事，2名员工代表监事；7名高级管理人员。11名董事，除了原公司的独立董事，其余都是从招商集团中挑选出来的。可以说，在引进了战略投资者以后，无论是董事会、监事会还是高级管理人员，都与改革前的国有企业没有本质上的区别。

招商地产之前就已经实施了管理人员持股的方案，但持股人数较少，激励效果也十分有限。在这次混合所有制改革中，有2585名员工参加了招商蛇口持股计划。在混合所有制改革后的第二年，招商蛇口推出了一种新的

"跟投"制度，这在国有企业中很少见。我国上市公司的股权结构和董事会结构中，民企持股比例偏低，且多以项目公司为主体。因此，此次混合所有制改革对招商蛇口的经营模式影响不大，而更多的是将管理层与员工的利益捆绑在一起，并且在股份分配上发挥了积极的激励效应。

3.财务绩效的变化

招商蛇口在盈利、偿债、发展方面都得到了一定程度的提升，但运营能力的提升并不明显。总体而言，此次混改提升了企业的财务绩效。

4.核心竞争力的变化

通过对该混改案例的研究可发现，通过混改使招商蛇口的核心竞争力得到了提升，进而发挥品牌效应，以品牌效应带动经济发展。通过此次混改，招商蛇口将园区业务与邮轮业务带入上市平台运营，重新配置资源，增加自身土地储备量，各业务板块齐头并进、融合发展，使其具备得天独厚的优势。与此同时，公司也做出了相应的调整，将旅游、教育、养老、医疗等领域都纳入了物业经营范围，使业务布局变得更加清晰和准确。另外，并购后的公司整体上市后，公司的股权结构变得更加合理，公司的管理效率和核心竞争力也会得到提升。

5.资本融资能力的变化

房地产业对资金的需求量很大，特别是在土地购置和建筑开发方面。所以房地产业发展过程中，所要面对的债务指标也在增加，意味着房地产公司需要更多的资金支持。随着世界经济的下滑和银行业的收紧，房地产行业面临着巨大的融资压力。而通过换股、吸收、兼并等方法，企业可以直接减少资本外流，优化资金结构。以招商蛇口为例，通过向8名定向配售对象募集资金，直接将资金成本降至最低。同时，上市之后大量中小投资者的加入为企业带来了更多低成本资本，有助于企业更好地拓展市场。因此，混改可以有效降低公司的筹资成本，提高筹资能力，为公司的长期发展奠定坚实的基础。

（五）混改启发

1.加强运营环节管控，实现资产保值增值

招商蛇口此次混合所有制改革的规模比较大，涉及的领域比较广泛，包括多家子公司以及第三方组织，所以就算能够在短期实现业绩目标的提升，后续仍面临深度融合的风险。因此，公司不能一味追求高速增长，而应以渐进的方式进行资产整合，逐渐降低潜在风险。此外，公司也要对产业链上下游的资产进行整合，加强对地产的开发与建设各环节的有效管控，以实现资产的保值增值，增强企业在市场上的竞争力。招商蛇口已逐步发展为地产开发商中的"领头羊"，将重心放在消费者关注的业务上，对相关的业务产品进行研究和开发，将资金投入到合适的项目中，加速企业的资金流转，提升企业的经营水平。

2.优化股权结构，加强激励力度

招商蛇口通过引入战略投资者、推行员工持股等方式，实现了股权多元化。但是对其混合所有制进行进一步的剖析，就会发现招商局的持股比例仍在70%以上，且公司董事会成员大多由招商局委派，只有一小部分是独立股东。从某种程度来说，这一所有制结构与改制前的国有独资企业并无本质区别。

因此，招商蛇口在推进混合所有制改革时，首先要对引进民资的必要性进行评估，然后在保证双方利益均衡的前提下实施改革。而在外部环境方面，应创造一个公平、公正的市场与法律环境，以便民营企业能够更好地进入市场。

招商蛇口的员工持股计划在混合所有制企业中所占份额很少，给公司的治理带来了一定的冲击。为进一步激发职工的工作热情，招商蛇口应加大对员工的激励力度，提高员工持股比例，使民营资本、国有资本与员工的利益结合更加紧密，此举有助于招商蛇口的经营业绩得到进一步的提高。

3.优化业务板块，实现可持续发展

当前，国家对房地产行业仍然处于持续的调控之中。因此，招商蛇口必

须对国家的政策进行综合分析，结合自身实际，对产品设计与市场战略进行适当调整。同时，公司应主动调整长期发展计划，注重长远、稳步发展。如今人们对住房的需求已经改变，不再仅关注居住的实用性，而是更加注重个性化设计需求。除了对品牌的重视外，消费者对住宅设计甚至是物业管理的各个方面都给予了高度重视。这就为房地产开发企业带来了更多挑战。

4.因地制宜，选择混改方式

我国国有企业的混合所有制改革可以采取多种形式，如引进战略投资者、员工持股、整体上市等。改革方式的选择会对企业经营管理的各个方面产生不同的影响，所以要想获得最佳的解决办法，企业就必须根据自己的实际情况，因地制宜地进行改革。招商蛇口通过股权置换、引进战略投资者参与混改，正是在综合考量之后做出的一种选择。鉴于房地产行业的特殊性，房地产开发商债务水平普遍较高，如果以现金的方式与开发商进行并购，将会面临巨大的财务压力，同时也会产生一定的运营风险。因此，招商蛇口采用了股权置换的方式来进行并购，这一方式不会产生过多的现金交易，从而可以有效避免并购方的财务压力，将资金投入到公司经营。另外，换股与并购不仅可以减轻企业的融资压力，还可以延迟纳税期，实现资源的最优分配，从而推动企业的长期发展。然而，换股合并同时会造成被兼并方的股份被稀释，使得股东权益受到损害，所以企业要采取科学、合理的方法进行改制。

5.提前防范混改过程中的潜在风险

国有企业混合所有制改革的一个重要目标就是将各种性质的资本进行整合。而要达到这一目的，就必须以股权为基础，对各方的权利进行均衡。在实施股权转让与交易时，需对股票价格进行客观的评价，并对其进行合理的分配，因为在实施过程中，各方面的利益因素都会对改革的结果产生一定的影响。为了降低这种客观上的弊端，有必要通过第三方评估机构的介入来避免利益相关者的舞弊，从而保证改革的平稳进行。因此，在国有企业混改过程中，要事先制定相关的防范措施，避免国有资产被高估，从而保证改制顺利进行。

在混合所有制改革的进程中，还存在着其他风险。例如，招商蛇口在引进战略投资者和募集资金等方面存在着经营上的问题；在降低关联交易成本的同时，可能导致资源的浪费。在人员组织结构、业务融合度和开发运作管理上，盲目的合并会造成资源的闲置，降低容错率，进而影响公司的发展。对于资金密集型产业来说，资金是非常重要的。以招商蛇口为例，虽然整体上市是一种转变资本运作方式的有效手段，但由于其持续的融资需求制约着公司的经营业绩，同时也存在着资金链断裂的风险。在实施了混改之后，招商蛇口在2018年、2019年的偿债能力出现了明显的下滑。即使现在不存在债务风险，合并后的负债变动仍可能加大金融风险。房地产产业受到限购、环保等国家政策的限制，其政策的变化也将直接加大金融风险，进而对产业产生冲击。作为一种不可控制的因素，风险会对上市公司的经营业绩产生一定的影响。所以，如何对企业内部因素造成的风险进行有效的预防就变得非常重要。

为优化公司治理结构，需构建多元化的所有制，解决国有企业控股比例过高的问题，改革时可引入外资和民营资本等非公资本，实现不同制度间的资源互补，有助于实现国有企业产权结构的多元化和合理化。只要保证了引入资金的经营决策权，就可以有效地减少政府对企业的直接干预，提升企业的治理能力和经营效率。通过混合所有制改革，非公资本可以在市场经营、营销渠道和管理等方面释放自身的优势和活力，增强经济活力，提升企业的综合竞争力。此外，还应对公司董事会决策机构进行适当的调整，以符合改革后的产权结构，积极引入独立董事，助力公司发展。

六、军工板块——合肥江航飞机装备股份有限公司

（一）主体介绍

1.公司基本情况

合肥江航飞机装备股份有限公司（简称合肥江航）成立于2007年，由航空供氧和飞机副油箱研发生产专业航空企业重组而成。公司研制生产的产品

是航空生命保障系统和燃料系统的核心组成部分。作为航空机载系统产品的重要提供商，合肥江航在航空制造业行业体系中属于第二层次的核心部件集成商。合肥江航抓住国有企业改革的机遇，利用多年积累的经验、独特的产业结构和经营模式，成为业内的领军企业，其中合肥江航的混改是典型案例。

2.合肥江航混改前的股权结构

改制前，合肥江航隶属于中国航空工业集团有限公司，中国航空工业集团有限公司是其唯一的大股东，国资控股。2017年，国家发展改革委发布了第二批混合所有制改革试点名单，同时国家也启动了第一批混合所有制改革的试点工作，合肥江航就是其中一家。

3.合肥江航混改前的主要问题

尽管合肥江航曾经实施过多项改革方案，但在混改之前，企业整体还存在诸多问题。主要表现在以下几个方面。

（1）陈旧的经营管理制度

在经营和治理上，企业仍然采用比较传统的思维方式和管理方式，制度比较僵化，缺乏创新动力。随着经济市场化、现代化发展，国有企业"一家独大"的弊端也逐步显露，合肥江航的生产效率开始下降，公司的内部治理结构变得不协调，资金运转速度变得迟缓，经济效益也变得难以提高。合肥江航的主要客户是军工企业和飞机制造企业，受行业特性、客户结算方式及军改政策的影响，军工企业的货款支付速度有所下降，进一步延长了设备供应商的回款时间。因此，合肥江航应收账款及应收票据余额较大，占营收比例较高。

（2）缺乏具有核心竞争力的产品

公司研发能力较弱，尤其在民用产品领域缺乏核心竞争力，新产品的研发效率很低，研发投入的比重很小，研发创新成果的数量也越来越少，严重影响了公司的生命力和未来的发展能力。在市场竞争中，公司很容易就会失去根基，造成客户的流失和交易费用的上升，进而制约公司的整体发展。

（3）人才流失情况严重

公司面临人才流失和现有员工的积极性不高的问题，严重影响了经营效率。员工的主动性不强，缺乏市场化的激励机制，核心技术人员和研发人员的离职，导致部分项目推进困难，产品的生产周期变得更长。企业要想招募并培养出一批新的核心技术人员，不仅要花费大量的时间，还要耗费大量的资金，极大地影响了生产进度。

（4）没有明确的战略目标

合肥江航在混改前，始终没有明确的发展战略目标和实施路径，发展方向不清晰，发展动力不足。公司的管理、经营以及与客户、供应商之间的交易都是机械的，缺乏规划，公司不能得到快速的发展，只是不断地将原本的资源和积累都消耗掉，导致2016年的时候，合肥江航的经营利润转负，开始出现亏损。

（二）混改动因

1.外部动因

（1）政策支持

党的十八届三中全会以后，国家出台了一系列的政策措施，推动国有企业在政策文件的支持和指导下实现了产业的成功转型。2015年，《国务院关于国有企业发展混合所有制经济的意见》（国发〔2015〕54号）提出，凡是市场主体基于自愿的投资经营和民事行为，只要不属于法律法规禁止进入的领域，且不危害国家安全、社会公共利益和第三方合法权益，不得限制进入。我国在能源开发、军工工业、国防等领域的大规模制造均以国有企业为主，国有企业是实现资源平稳出口最可靠的物质基础与保证。合肥江航作为军工企业，密切关注国家的各项政策，并结合自己的实际情况，进行了深入的研究，最终成功申请混合所有制改革，并以此为契机，获得了首批军工企业的试点资格。在深入了解混合所有制改革工作的基础上，公司对员工持股计划进行了一系列的探索与实施，最终实现改制与上市。

（2）军民融合战略的提出

军民融合是国家高度重视的重要战略。2015年，习近平总书记首次将军民融合发展提升为国家战略层面，突显了其在国家发展中的核心地位。军民融合不仅在军工企业发展中扮演着重要的桥梁和纽带角色，还有助于充分发挥军工和民营资本各自的优势，构建科学合理的国防科技发展体系，从而实现经济发展的目标。

面对激烈的市场竞争和经营模式转型的挑战，国有企业特别是军工企业，急需进行混合所有制改革。混改不仅可以建立灵活高效的企业内部经营体系和科学的产权结构，对产业单一、生产周期长、运营灵活度低的国有军工企业至关重要。这些企业面临着适应市场化经济体系和现代化生产节奏带来的高成本挑战，需要通过提升内部治理能力，增强其可持续发展能力，以更好地完成强军目标。

合肥江航通过引进外部资金，改善公司治理状况，利用市场的力量进行资源配置，为军事技术与民用技术的交融提供了一条新的途径。这不仅降低军事技术从军事到民用的成本，还建立起双向借鉴、协同发展的新型军民融合模式。这种创新的产权结构改革举措，将为我国企业转型升级提供重要机遇，对提升公司业绩和价值具有重要意义。

（3）行业发展推动企业改革

混改前，合肥江航面临民品产业缺乏核心竞争力、内部管理和生产体制僵化等问题。随着科技革命的兴起，研发投入不断加大，新兴产业不断涌现，科技发展道路和前景逐渐广阔，航空装备制造业和机载技术加速向集成化、智能化方向发展。生产流程更加便捷灵敏，工业过程更加多元化，产品更加贴近日常需求，这些变化都对企业创新能力和研发成果提出了更高的要求。合肥江航迫切需要加快推进混合所有制改革，减轻企业的负担，提高企业的活力，保持创新的动力，加强科研投入。

2.内部动因

（1）调整产业结构

合肥江航是由老牌国有企业重组整合而成的，产业结构较为复杂。因此，合肥江航想要通过引进外资的方式来解决这个问题。通过北京产权交易所进行股权转让，合肥江航实现了混合所有制企业的协同效应。

（2）改变公司治理机制

合肥江航在改制前，已经出现了人才流失的现象，经营机制、管理制度等方面都比较僵化，员工的薪酬制度、激励制度等都不够健全，导致合肥江航的部分产品线出现了严重亏损，合肥江航想要通过这次的混改，来改革公司的董事会，首先是对员工进行调整，然后再对公司的内部治理进行优化。

（3）增强企业创新能力

合肥江航之所以提出混改方案，一方面是希望引入外来资金，让企业走上良性发展之路；另一方面，合肥江航也试图从不同的角度去解决这一问题，但其中还有许多关键的环节有待打通。合肥江航缺乏发展的动力，其主要原因是企业的经营思想、经营理念还停留在陈旧的观念上。通过实施混合所有制改革，引进了外部战略投资者，企业可以在管理和运作上突破固有的思想束缚，让管理层的视角符合市场现代化，在实现产权多元化的同时，还可以制定一个灵活的经营战略，让公司的股东和管理者获得利润的途径与承担风险的过程相结合，从而提高企业的内部创新能力和活力。

（4）吸纳并留住核心人才

过时的薪酬制度、激励制度，使得企业很难吸纳并留住核心技术人员，这主要是因为制度的建立没有从技术人员的角度出发，没有从核心人才的需求角度出发，没有从清晰有效的激励反馈机制出发，没有把工作业绩作为一个重要的指标来考虑。通过混合所有制改革，可以使员工的个人利益与公司的经济发展水平相匹配，使员工参与到公司的治理中，感受到自己与公司的前途息息相关，从而产生一种归属感和认同感。

（三）混改路径

1.专注主业发展

突出主业，就是把资源和核心资产都集中在主业上，把运营重心集中在主业上，让主业的总体发展更加具有凝聚力。合肥江航的业务范围很广，除了航空设备和制冷设备之外，旗下的子公司还涉及房地产、建筑、医疗和电器等多个行业，整个商业系统中的分支很多，资源被分支分流，造成了主业可调用的资源不足，主业的质量和效率无法进一步提高。为更好地实施混合所有制改革，发挥其最大的功能和优势，合肥江航在引资过程中，首先采取的是把主业做大，把核心技术员工和管理人员都集中到主业上，进行专业化的布局，以航空装备制造业为主，同步发展制冷和医药等业务。

合肥江航以业绩为导向，在保证企业可持续盈利的前提下，通过永久注销、全面吸收合并、无偿转让、股份出售等手段，将包括合肥天鹅制冷科技有限公司（简称天鹅制冷）在内的控股子公司的资产和参股公司的股份进行了剥离，一共对8家子公司进行了清算，保证了改革的重点和效益的集中，并且为实施混改规划中的其他政策提供了保障。经合肥江航、天鹅制冷等公司董事会研究决定，以及中国航空工业集团有限公司的批准，合肥江航、天鹅制冷将部分控股子公司、参股公司的股权以及与主业无关的部分资产和债务无偿划转。2016年—2019年，合肥江航和天鹅制冷以减资退出、吸收合并及注销方式处置了控股子公司、参股公司股权。

2.引入战略投资者

合肥江航在改制过程中，采取了"集中"与"分散"并存的方式，即国有股份依然超过了90%，而民企和员工持股则只占5%左右。

合肥江航在引进战略投资者时，精挑细选，精心准备，并召开了一次投资人座谈会。其间，合肥江航联系了数十家有合作意向的企业，邀请了7支来自合肥江航的战略投资团队，通过对合肥江航的财务、档案、高管等进行全面的调查，对合肥江航的负债、融资、投资、营销、技术等方面的风险进行了详细的分析。合肥江航从五家公司中选择了国新资本有限公司（简称国新资本）、宁波梅山保税港区浩蓝鹰击投资管理中心（简称浩蓝鹰击）、中兵宏慕（宁波）股权投资合伙人企业（简称中兵宏慕）、江西省军工控股集团有限公司（简称江西军工）这四家公司，以求发挥各自的资源和管理上的优势，共同发展。

3.实施股权激励方案

2017年12月，合肥江航公布了一项增资方案，并启动了员工持股方案。该方案的目的是建立一个新的奖惩机制。合肥江航的员工持股的主要股东为三类人员，即经营管理人员、研发人员和技术人员。在这次混合所有制改革中，共有146名员工持股，其中研发人员占78.77%，另外两类员工分别占13.01%、8.22%，合计持股比为4.6%。

持股方案中对持股人的条件有清晰的规定："主要雇员必须为公司的经济增长和长远发展做出重要贡献。未包含在股权激励方案中的雇员既有非正规雇员，也有打算在3年后退休的雇员。股份的份额及机会将根据特定的职位进行分配，并由雇员自愿参加。"该方案把核心员工的收益和公司的绩效紧紧地联系在一起，员工可分享公司的剩余收益并承担一定的风险。

另外，员工持股还可以促进公司资产增值的速度，从而与公司在价值链构建过程中所投入的资源进行合理的配置。合肥江航在制订并严格实施员工持股计划的同时，也参考了专业的评级机构的评估结果，详细划分了公司各部门的功能与等级。同时，公司严格执行上级部门的用人管人制度，重视对年轻骨干员工的培养，努力留住具有重大价值的骨干人才。合肥江航在混合所有制改革中，充分调动了员工的工作热情和创造性，为企业长期发展打下了良好的基础。

4.择机上市

合肥江航在混改进程中进行了大量的筹备工作，同时着手进行重组和上市工作。为保证公司经营的稳定，合肥江航与战略投资人约定股权转让之前的一切盈利均归属于原股东。另外，在资产扩大和产权增加的交易中，涉及资本转增股本的企业，在过渡期间发生的盈利或亏损，可以从评估基准日开始到产权交易结束时，按接受方的权益资本构成比例，得到与经营业务有关的一切收入。

合肥江航严格遵守《国有企业资产交易监督管理办法》，完成了混合所有制改革和上市前的各项筹备工作。与之合作的战略投资者，可以通过股份转让以及累积现金资产的方式进行增资，具体的定价应按照有关主管部门批准的评估指数来确定，并且要严格按照国务院批准的产权交易场所进行公开挂牌。

2020年，中国证监会核准了合肥江航飞机装备股份有限公司在科创板IPO的注册申请。公司在公众网站上公布了《招股章程》和《招股说明书》，完成了所需要的材料，并正式开始发行。最终于2020年7月31日在上海证券交易所科创板上市。合肥江航将此次所募集的资金用于研发基地和生产线的技术引进和研究、产品开发制造、完整产业链的形成，以及为客户项目和航空系统的建设提供资本投入，并提供流动资金。

（四）混改效果

1.产品销售额稳定提升

合肥江航是一家集航空供氧、航空油箱惰化保护系统为一体的高科技企业，也是生产规模较大、生产水平处于世界前列的特殊制冷设备生产商。此外，受航空产品的特殊管理规定和航空工业集团的分布和整合的影响，尽管供应、生产、销售的支持关系在一定程度上制约了客户数量和业务的扩展，但也降低了合肥江航原有客户的流失，特别是在混合所有制改革后，为企业提供了一个技术交流和产品交易的平台，使企业能够继续保持在该领域的领导地位，这对于企业的整体协调发展，科学、合理地规划成长的原则和途径有积极影响，可以保证以往的经验和已有的资源不会轻易流失。合肥江航借助混改的平台和能力，在保持原有产业规模基础上，开拓新的市场，具有前瞻性。

2.实现强军的战略目标

合肥江航始终将实现强军目标视为其核心战略目标。在设计和持续建设研发体系的过程中，逐步为实现这一目标而努力。混改为合肥江航注入了新的活力，促进了其经营模式的根本转变。由最初单一、驱动力不足、仅以项目为导向的研发状态，逐渐转型为关注技术和产品，具有竞争力的研发模式。只有当企业研发的重心从单纯的项目要求转移到技术本身，军工企业才能在军事技术和国防科技方面取得进步，实现以强军为首的战略目标。

合肥江航通过混合所有制改革，突破了以往单一的研发模式，逐步发展为一种多元化的、持续不断地投入新技术与保证产品品质的复合型研发模式。合肥江航将不断提高技术创新、系统自我检查、产品试验、服务水平和高效率的生产能力。

合肥江航除了提高自身的技术实力外，还注重对核心技术人员的引进与培养，注重提高员工的效率与专业技能，建立了一支层次分明的专业队伍。与此同时，合肥江航持续对前期投资的研究和开发进行跟踪，以期在竞争中占据优势，从而实现运营效益的最大化；也会把一部分利润重新投入到研发上，从而形成一个良好的循环，为提高我国航空设备制造、制冷行业的核心竞争力打下坚实的基础，最终达到"强军"的战略目的。

3. 建立了更合理的治理结构

合肥江航通过混合所有制改革，现有7名董事，其中近半数是由新增股东提名，董事会中增设了1名员工董事，确保了董事会的组成和投票的科学性。监事会有3名监事，其中1名是员工代表，剩下的2名分别由原股东和新增股东推荐。合肥江航参照其他上市公司的董事会结构，将董事会成员分为3个组别，重点是风险评估和控制、内部绩效检查和评估、开发方向的研究和规划，形成相互平衡的关系。在混改的基础上，合肥江航的原控股股东充分遵循法律，在资本层次上以一种合理的方式来行使管理机构的权力，并以一种合法的方式选举董事，对其进行适当的授权，不会对公司的具体管理进程产生任何影响，从而保证了企业的经营独立。

4. 增加研发投入，专利拥有量大幅提升

合肥江航在混合所有制改革后，变得更具战略眼光，可以预见在未来一段时间内，航空装备制造和军用制冷领域的新增需求，可以预见行业发展的总方向和潮流，并以此作为一个前瞻性的角度，对项目计划案进行规划，开

展战略调查和市场调查，研究成本和可能的利益结构，研究解决技术难题的方法，解决技术难题，实现设备调试和技术调整。在保持当前良好的经营状况的前提下，为新产品开发铺路，继续保持行业领导者的地位，为行业内其他公司的治理与运营，建设一个和谐高科技发展的产业链，提供了一定的参考价值。

合肥江航在改制后，获得了大量的专利，2021年就获得了58件专利，显示出合肥江航公司的研发效率得到了极大的提升。

（五）混改启发

1.找准企业在混改中的战略定位

合肥江航在制定混改方案时，从企业的角度出发，具有一定的前瞻性，对方案实施过程起到了一定的促进作用。在混合所有制改革中，根据企业的行业特征及存在的问题，提出了一种大胆的突破策略。合肥江航凭借其庞大的体量、雄厚的技术储备和国有企业的良好声誉，采取渐进式混合所有制改革的方式，引入的资金规模远超近年来政府投入的总和。资金的使用，一方面可加速国家工程的实施；另一方面，也可应用于民用商品的研究与开发，扩大行业的生产与流通渠道，进而提高生产力。

这一方案的实施，使合肥江航的发展得以壮大，企业年营收达到7000万元，大大提高了企业的运营与盈利能力，为企业的可持续发展能力建设注入了新的活力。合肥江航认识到，资源的分散使企业的发展受到一定程度的制约。企业选择从一些非主营业务中抽身，将已经撤出的地产等行业中的剩余资产转化为更具弹性的资产运营和财务管理公司，在维持一定利润的同时，开辟了其他的利润和融资途径。

所以，在混改的过程中，企业要清楚自身所处的产业位置、发展方向，才能在混改的进程中不误入歧途。通过把重点放在企业的强项上，主动推进混合所有制改革的顺利进行，及时发现和解决与提高企业经济效益不相符的因素，从而使企业的竞争能力得到有效地提高。

2.混改路径的选择很重要

混合所有制改革的路径选择需要清晰和有针对性，其核心是要解决其中的关键问题。合肥江航作为一家军工企业，在科研创新方面存在很大的压力，现有的融资渠道以及政府的补贴已经不能满足其扩大生产、加大研发力度的需要。要想在混改后，既要改变运作模式，又要优化运作机制，还要抓住市场机会，快速达成目标，就必须有一个稳定、高质量的资本流动。合肥江航经过一年的混改，拓宽了融资渠道，在股市筹集更多的资金，提高资本的流通能力，使企业的经营更加顺畅了。为此，合肥江航决定上市，作为公司改制的一条重要途径，并在实践中收到了明显的成效。

公司能否顺利上市，离不开员工持股计划。上市公司的股票能够给员工带来更大的价值保障，对员工的激励作用也就更大了。在国有企业改制过程中，员工的流动，特别是核心技术人员的流动，是一个普遍存在的问题。合肥江航对此早有考虑，尽管已经制定了人员流动制度，但是仍然存在着核心技术研发人员短缺、骨干人才流失等问题。这一状况极大地降低了企业生产与研发的效率与进度，同时离职员工还会将一些研究成果带走，员工的离职又会导致时间成本的增加，从而延缓科研进程。

为此，合肥江航在坚持以市场为导向的基础上，制定了员工激励机制。为了满足企业对核心人员的需要，公司实行了员工持股制度，既方便了企业的内部管理，又保证了企业的发展，并不断地吸收和发展科技人才。合肥江航通过建立全新的晋升考评机制、岗位晋升机制，并为员工的职业生涯做好规划，加大了人力资源的开发力度。雇员掌握着获取公司增值收益的权利，从而激发动力，更加努力地工作，创造更大的价值。合肥江航自实行上述制度以来人才流动状况有了明显的好转。因此，选择合适的发展路径，对于企业今后的发展是一个很好的解决办法。

3.混改中合作伙伴的选择要谨慎

一个好的合作伙伴，可以创造出协同发展、优势互补、共赢的局面，也能引领企业打开新的发展格局，形成新的产业结构。企业可以借助引入的多元化的新股东所带来的资源，协助公司重构合理高效的供应、销售模式，完成产业链的优化转换与升级。将引进的战略投资者与企业已有的资源相结合，形成一种综合的生产经营模式。既可以扩大产品的种类，又可以扩大研究领域，扩大市场。比如，合肥江航与浩蓝鹰击达成了合作协议，合肥江航将重心转移到了舰艇市场，扩大了空调和制冷领域，合肥江航和中兵宏慕、江西军工等公司进行了深入的合作，将合肥江航的业务范围扩大到了军工产品配件等领域。

4.注意混改中的资本保值增值

合肥江航将重点放在了资金的增加与经营效率的提升上，并在成本控制与奖励制度上进行了改进。在混改的进程中，企业可以自行制定资产评估制度与架构，对自身的资产价值与状况进行一个精确的定位。纵观混合所有制改革的全过程，混改最关键的就是要增强企业的价值创造能力，公司需要从内部和外部两方面进行分析，确定最合适的混改政策，并制定相应的规章制度。

5.混改中要有创新

创新之"新"有两层含义。既可以是在研发上进行创新，也可以是采用新的策略。合肥江航在混合所有制改革的过程中，突出了军民融合的战略目标，以"强"为核心要素，既满足了企业的特性，又实现了国防科学技术在创新的两个层面的发展。加大研发创新对于企业站稳脚跟、夯实基础至关重要，而在混合所有制改革过程中采用新的策略，可以更好地突破市场、技术壁垒，实现企业的转型升级。

第三节　失败案例探讨

前文探讨了混改成功的企业案例，混改后这些企业在行业控制力、市场竞争力、企业经济效益等方面均得到大幅提升。但也有一些企业混改后，业绩平平，甚至走了下坡路。根本的症结在哪？混改没有达到预期效果，发力点不对、轻重缓急把握不准确是根本原因。

一、事前准备不足——王老吉药业

（一）案例背景

王老吉药业是广州市地方国有企业，大股东为白云山医药。2004年王老吉药业以定向增资方式，吸收民营企业香港同兴药业有限公司（简称同兴药业）入股，成为混合所有制企业。白云山医药和同兴药业双方各占48.0465%的股份，剩余3.907%的股份为职工股。

同兴药业的董事长王健仪也是加多宝的名誉董事长。由于红罐王老吉与加多宝之争，同兴药业意图解散王老吉药业，为此，白云山医药决定停止同兴药业委派的财务总经理的职务，在王老吉药业单方设立"行政班子暨党政联席会议"和"应急维稳管理委员会"负责日常经营。2014年，白云山医药又在王老吉药业成立"临时管理委员会"，取代董事会和行政班子。

白云山医药不经董事会决议擅自停止财务总经理职务、单方设立"行政班子暨党政联席会议"等行为，是国有股东对控制权的滥用，使公司丧失了独立性，也侵害了其他股东的合法权益。

（二）原因分析

董事会边界不确定。一切事项由大股东说了算，从人事任免、战略决策到日常经营管理，子公司处于被遥控状态，事事请示汇报。董事长一般由集团领导兼任，身兼多职，无暇顾及所有事情，更多的事情由大股东总部说了算，大股东的职能部门可以随时对子公司发号施令。股东（会）、董事会、经营层，也包括监事会、法人治理各类组织的职责界面定义不清。

（三）经验教训

只"混"不改是不行的，"混"只是股权多元化，改治理结构、改治理机制，"混"才能发挥作用。改治理结构，主要是"股东会中心主义"向"董事会中心主义"的转变，让董事会成为公司治理结构的核心。改治理机制，核心是优化董事会构成，形成监督制衡机制；明确董事会职责定位，建立经营层的激励约束机制。一是完善法人治理组织结构，二是完善法人治理机制。

完善法人治理组织结构的重点是董事会建设，董事会建设的重点是外部董事过半、董事会职责与议事规则规范。完善法人治理机制的重点是激发经营层活力，激发经营层活力的重点是任期制、契约化管理和与业绩联动的差异化的薪酬制度。

通过混改实现股权多元化，进而推动董事会建设；通过混改引入市场化经营理念和非公企业管理经验，进而推动经营层激励约束机制的建立。这就是混改的底层逻辑。

二、事中经营矛盾——云南城投

（一）案例背景

1.债务危机严峻

2020年，云南省城市建设投资集团有限公司（简称云南城投集团）重要子公司云南城投置业股份有限公司（简称云南城投）一口气发布了包括2019年年报、2020年一季报、独立董事专项说明、计提减值准备公告在内的18个公告。年报显示，2019年云南城投归属于上市公司股东的净利润为–27.78亿元，同比下降665.35%。云南城投同时公布将继续甩卖资产，拟转让所涉西双版纳云城置业90%的股权。母子公司掌舵人的落网，反映出公司的管理混乱，引发外界对公司治理和运营的诸多猜测和质疑，也给公司外部环境带来不良影响。

2.进行股权转让和混改动作

为缓解困境，云南城投集团不断尝试通过转让项目股权、抛售资产等方式让企业回血，降低杠杆和改善资本结构。2018年起，云南城投多次挂牌出售旗下资产，然而股权转让并不如想象中顺利。2019年，云南城投公开挂牌转让云南城投天堂岛置业有限公司90%股权，延牌期满仍未征集到意向受让方。2020年公开挂牌转让的西双版纳云城置业有限公司85%股权和西安云城置业有限公司51%股权均曾在2018年年末挂牌，当时期满未成功转让，2020年再次挂牌。

在最危急的时刻，云南城投引入保利集团，意图自救。2019年7月，云南省政府与保利集团签署战略合作协议，保利集团将参与云南城投的混合所有制改革。此前，全国省级城投集团层面的混改先例极少，此举引发了市场的强烈关注。

2019年10月，保利集团副总工程师、协同发展部部长卫飚被任命为云南城投集团党委书记、董事长，并于1个月后成为集团法人代表。外界普遍认为，保利入场后，云南城投的困局可解。而对保利集团来说，云南城投的土地资源及在文旅康养领域的布局吸引力巨大。投资者也因此对云南城投抱有一丝想象空间。

3.混改受阻，央企退出

2020年，推进已久仍未见实质性进展的云南城投混改工作，再生变数。4月30日，云南城投集团发布公告称，收到公司控股股东云南省建投通知，经云南省委、省政府研究决定，免去卫飚云南城投集团党委书记、董事长职务，任命杨敏担任云南城投集团党委书记、董事长。

卫飚上任7个月后离职，意味着保利集团的退场，也意味着混改的前景未明。云南城投的战略自此发生变化。

（二）原因分析

1.战略定位的模糊不清

在云南城投的混改过程中，最根本的问题是缺乏一个清晰、明确的战略定位。当一个企业在混改过程中不清楚其最终目标是什么，或者这些目标是否与其核心竞争力和市场趋势相匹配时，混改很难取得成功。对于云南城投来说，其在土地资源和文旅康养领域的布局原本具有潜力，但在缺乏明确的战略引导下，这些资源和优势没有得到有效利用。

2.管理层和决策机制的不稳定

管理层的频繁变动和决策层的不稳定是云南城投混改失败的另一个关键因素。卫飚作为新任董事长仅上任7个月就被免职，反映出混改过程中的管理混乱和决策不连贯。管理层的不稳定不仅影响了日常运营的效率，也削弱了员工和外部投资者的信心。

3.利益相关方协调不力

在混改过程中，尤其是在引入战略投资者如保利集团的情况下，利益相关方之间的协调至关重要。云南城投在这方面显然没有做好准备，未能有效平衡各方利益，导致混改进程受阻。此外，保利集团退出意味着混改中的一个重要支撑点丧失，这对云南城投的未来战略和发展产生了不利影响。

4.资产处理和财务状况的问题

云南城投在尝试通过资产出售来缓解财务压力的过程中，其战略不清晰进一步体现。资产的频繁挂牌和未能成功转让，反映出了市场对于云南城投资产价值的质疑，以及公司内部对资产处理方向的不确定性。

5.外部环境和政策变动的影响

除了内部因素外，云南城投的混改也受到外部环境和政策变动的影响。作为一家具有地方政府背景的企业，在地方政策和宏观经济环境变化的背景下，其混改策略需要更多的灵活性和应变能力。

（三）经验教训

云南城投的混改失败案例提供了关于企业改革和战略规划的重要经验教训。在分析这一案例的基础上，可以提炼出以下几点关键的经验和教训：

1.明确战略目标是成功的关键

任何企业的混改都需要基于清晰和明确的战略目标，在混改前需要进行充分的分析和规划，否则可能会导致混改失败。这些目标不仅要反映公司的长期愿景，还应考虑到市场需求、竞争环境、内部资源和能力。云南城投在混改过程中缺乏明确的战略方向，导致资源的浪费和目标的偏离。对于混改企业来说，应确保其战略目标与行业趋势和市场机会相匹配，同时也要符合其核心能力和长期发展计划。

2.稳定和能力强的管理层是实施战略的基础

管理层的稳定和能力对于混改的成功至关重要。频繁的管理层变动会导致战略执行的不连续性和内部混乱。云南城投混改案例中，管理层的快速变动和连贯性的缺乏给战略执行造成了严重障碍。混改企业需要建立一个能够理解并执行战略规划的高效管理团队，并确保其稳定性和对实现企业目标的努力。

3.利益相关方协调是混改成功的重要因素

混改过程中需要平衡多方利益，包括原有股东、新引入的战略投资者、员工、客户以及政府等。云南城投混改案例显示，未能妥善处理这些利益相关方的关系会导致混改计划的失败。成功的混改需要在各方利益之间找到平衡点，确保所有相关方的利益能够得到适当的考虑和保护。

4.透明和连贯的沟通策略是必要的

在混改过程中，透明和连贯的沟通对维持内部和外部利益相关方的信任至关重要。云南城投混改案例中，缺乏透明的沟通加剧了市场的不确定性和内部的不稳定。企业需要确保在混改过程中及时、清晰地向所有利益相关方传达其战略目标、改革进程和预期结果。

5.财务稳定性和资产管理的重要性

在混改过程中，保持财务稳定性和有效管理资产是至关重要的。云南城投在资产出售和财务管理方面的挑战凸显了在混改中对这些因素的重视。企业应该有清晰的资产管理计划和财务策略，以确保在混改过程中保持财务健康和流动性。

6.适应外部环境和政策变化

混改企业需要灵活适应外部环境和政策的变化。云南城投混改案例表明，政策变化和外部环境的不确定性对混改进程有重大影响。企业应该具备应对这些变化的能力，通过灵活调整战略和操作计划来应对外部环境的变化。

7.混改不仅是引入资本，更是战略转型

混改不应仅仅被视为一种资本引入的手段，更应被视为企业战略转型的机会。云南城投混改案例表明，混改如果仅仅停留在资本层面，而忽视了战略转型和产业升级的机会，是无法实现长期成功的。企业应该利用混改的机会，对其业务模式、管理方式和市场战略进行全面的审视和调整。

三、事后外资离场——锦江股份

（一）案例背景

锦江股份的控股股东是上海市国资委旗下锦江酒店。公司拥有锦江都城、锦江之星等多个酒店品牌。在弘毅投资基金中心（简称弘毅投资）的协助下，在2015年2月作价100亿元收购了法国卢浮酒店集团。同年10月，又以83亿元的价格收购了铂涛集团81%股权。锦江股份在很短时间内成为国内连锁经营酒店龙头。这是内生式增长方式所绝对不可能完成的。但是，这一并购战略的实施是成功的吗？从规模上看是的，但从财务上看，锦江股份2017年、2018年的净资产收益率（ROE）均低于主要竞争对手华住酒店、首旅酒店。

通过混改，锦江股份获得了大量资金，并引入了弘毅资本这一战略投资者。在其协助下，通过数次并购，公司成功变为国内连锁酒店龙头，在完成全球布局的同时，也快速切入国内中端酒店这一蓝海。但是，在混改中大股东锦江酒店斥巨资与弘毅投资同比例参股，以保持自己的控股地位不变。而除了弘毅投资之外，锦江股份的其他小股东中，占股1%以上的股东就有几只证券投资基金，属于绝对意义上的财务投资者。可以看出，在股权结构上，即使在混改之后，锦江股份依然以国有资本为主导，一股独大现象非常明显。

2018年，首旅酒店公告了其股权激励方案。而在美国上市的华住酒店也一直有针对员工的股权激励政策，酒店的店长在达到一定业绩和级别后可以获得相应的股权激励。而从锦江股份2017年年报来看，除了董事长和CFO有少量持股外，其他高管均未持有公司股份。

更重要的是，弘毅投资不可能长久持有锦江股份的股权，2018年11月30日晚间，锦江股份发布公告称，第二大股东弘毅股权投资拟减持不超过4789.68万股，即不超过总股本的5%，至此弘毅投资的持股比例为10.99%。弘毅投资开始逐步卖出锦江股份。失去了弘毅投资的管理与监督，锦江股份管理层与股东的利益冲突重现。

（二）原因分析

1.战略层面的问题

（1）法人治理机制方面，股权结构和管理层间的利益冲突

锦江股份在混改后，尽管引入了弘毅投资等战略投资者，但股权结构依然以国资为主导，一股独大的现象明显。这种股权结构可能导致管理层与小股东之间的利益不一致，尤其是当弘毅投资开始减持股份时，可能会加剧管理层与股东之间的利益冲突。锦江股份并购了卢浮、铂涛及维也纳，但相关企业没有人被纳入董事会。这种操作会不会影响相关方的积极性呢？是否会影响吸纳民营资本、境外资本的市场化经验、国际化管理经验呢？相反，由此带来的文化冲突、新旧矛盾会不会成为公司的负资产呢？再看首旅酒店，在引入携程上海后，携程上海的梁建章成为董事，甚至连小股东红杉资本的沈南鹏及如家董事长孙坚也成为董事，更有携程项目经理朱剑岷任独立董事、孙坚兼任公司总经理。这种治理安排，是值得肯定的。混改是取长补短、相互促进、共同发展，背离了这一原则，大家就无法形成利益共同体，很难走远。

（2）并购战略的财务可持续性

锦江股份通过并购迅速扩张，成为国内外重要的连锁酒店集团。然而，这种高速成长的模式可能会牺牲财务稳健性。ROE指标低于竞争对手，表明公司尽管规模扩大，但盈利能力并未同步提高，可能导致长期的财务风险。

（3）对市场多元化的过度依赖

锦江股份在扩张中过分依赖市场的多元化，而忽视了对核心竞争力的持续提升，导致公司在面临市场变化和竞争加剧时，缺乏足够的应对能力。

2.战术层面的问题

（1）股权激励政策的缺失，高管及员工没有股权激励安排

除了董事长和CFO有少量持股外，锦江股份其他高管和员工，截至2019年三季报，没有持股安排。而其主要对手首旅酒店和华住酒店均实施了员工股权激励政策。股权激励不是企业发展的必要条件，但对于员工积极性的调动，对于捆绑核心骨干员工、规避经营者短期行为还是有效的。与主要竞争对手相比，锦江股份在股权激励方面的缺失可能影响了员工的积极性和忠诚度。股权激励是现代企业管理的重要工具，有助于激发管理层和关键员工的工作动力，与公司利益保持一致。

（2）弘毅投资退出后的管理监督缺失

弘毅投资的逐步减持和退出导致锦江股份失去了一个有效的管理监督者。弘毅投资作为战略投资者，其在管理和监督方面的作用对于保持公司治理结构的平衡至关重要。

（3）忽视内部运营效率的提升

在追求规模扩张的过程中，公司忽视了内部运营效率的提升。为了维持大规模并购后的运营，公司需要更加高效的内部管理机制和成本控制，否则可能导致运营效率低下和成本上升。

（三）教训总结

1.股权改革与公司治理的配套

混合所有制改革不仅仅是股权结构的调整，更重要的是公司治理结构的改革。股权改革应伴随公司治理的优化，包括建立高效的董事会系统、完善的监督机制和透明的决策流程。锦江股份混改案例中，虽然股权结构发生了变化，但在公司治理结构的配套改革上未见显著进步。治理结构的优化是确保改革成效，提升企业竞争力的关键。

2.管理层激励机制的重要性

管理层的激励机制是激发企业活力的关键因素。通过股权激励、绩效奖

励等手段，可以有效地调动管理层和关键员工的积极性，确保他们的利益与企业发展同步。锦江股份缺乏有效的激励机制，导致管理层和员工的动力不足。混改应着重于建立与市场机制相适应的激励和约束机制。

3.市场化运营的实现

混合所有制改革的根本目的是引入市场机制，提升企业的市场化运营水平。这包括市场化的人事管理、灵活的市场响应以及以客户需求为导向的产品和服务创新。锦江股份虽然通过并购扩大了规模，但在市场化运营方面仍有不足。企业需要根据市场变化调整经营策略，提高产品和服务的市场竞争力。

4.主业的突出与效率的提高

在混改过程中，企业应聚焦主业，剥离非核心资产和业务，优化资源配置，提高运营效率。锦江股份的扩张虽然快速，但也需要确保扩张符合公司的长期战略，并且能够有效提升运营效率。企业应通过精简管理、优化流程等措施提高内部效率。

5.体制机制的根本改变

真正的混改需要触及企业的体制机制，打破传统的国有企业运作模式，引入市场化的管理和运营机制。锦江股份混改案例中，虽然形式上完成了混改，但在体制机制上的改变不够彻底。混改应该是一场深刻的体制变革，需要改变企业的运作方式，提升市场竞争力。

6.改革的坚决态度和迅速行动

混改不是一项简单的任务，它需要改革者们具有坚决的态度和迅速的行动。改革的推进应该是果断和高效的，避免因犹豫不决和迟缓行动导致的机会损失。锦江股份混改案例表明，改革虽有计划，但在执行上缺乏迅速和坚决的行动。

7.调动员工积极性的重要性

员工是企业最宝贵的资源，混改过程中应充分调动员工的积极性。这需要企业建立公平的晋升体系、合理的薪酬福利政策和良好的工作环境。锦江股份混改案例中，员工积极性的调动不足，这在一定程度上限制了改革效果的发挥。

参考文献：

［1］汪健.引入非国有股东与企业金融化——基于云南白药的纵向案例研究[J].财务管理研究，2023（9）:1-10.

［2］熊锐琪.混改背景下招商蛇口财务绩效评价研究[D].西安工业大学，2022.

［3］梁志惠.合肥江航混合所有制改革的动因、路径和绩效研究[D].河北经贸大学，2022.

［4］邹松霖.云南城投的困局、反腐余震与回天术[J].中国经济周刊，2020，（9）:47-49.

［5］康四维.中石化混合所有制改革动因及经济后果研究[D].上海交通大学，2017.

［6］华夏基石e洞察.2020国企混改必读："混改"的底层逻辑与成功核心要素[EB/OL].（2020-01-05）[2023-12-05].https://www.sohu.com/a/364815256_343325.

第五章

结论与展望

第一节　综合回顾

本书深入探讨了国有企业和混改公司的发展历程、面临的挑战与实践过程。本章将重温核心要点，加深理解，以便于读者将这些知识应用到未来的工作实践中。

一、国有企业的演变

国有企业的发展历程是中国经济发展历程不可或缺的一部分。第一章中详细梳理了国有企业的定义、内涵，以及其随着中国经济的变迁而发展的历程。从财税改革、发展阶段到发展困境，每一个环节都揭示了国有企业在市场化和全球化的大背景下的适应和演进。尤其值得关注的是国有企业的五大职能，它们不仅体现了国有企业的市场定位，也是国有企业未来转型的关键。

二、混改的重要性

第二章中探讨了混合所有制改革（混改）的重要性。混改不仅是解决国有企业当前挑战的一种有效途径，更是推动国有企业朝着良性发展阶段迈进的关键。着重讨论了混改公司在助力国有企业发展中的作用，尤其是如何通过引入民营资本和管理模式来促进效率和创新。混改不仅是一种结构上的调整，还代表着深层次的战略转型。

三、实战案例的学习

在第三章和第四章中，通过具体的实践案例，将理论转化为实操。探讨了"全生命周期"的管理理念，着重分析了混改公司从成立、运营到退出的各个阶段。构建了理论框架，展示了如何在实际操作中运用这些理论，包括风险处理、优化资源配置以及应对运营挑战。

通过具体的案例分析，如宗文金服与攀枝花市国有企业花城投资集团的混改实施方案，深入了解混改过程中的成功要素和陷阱风险。这些案例不仅为读者提供了可借鉴的经验，也为避免改革失败提供了重要的参考。

综上所述，国有企业和混改公司在现代中国经济中发挥着重要作用。通过深入了解它们的发展历程、面临的挑战和实际的运营经验，能更全面地理解这些企业的工作机制，为经济的未来发展提供更有力的支持和指导。这不仅对国有企业领导人和执行团队至关重要，对于民营企业领导人亦是如此，因为民营企业在参与混改或与国有企业合作时，同样需要这些知识和经验。

本书旨在通过系统的整理传递实用的知识与洞见，帮助读者在国有企业和混改公司领域取得成功。接下来的章节会进一步为读者提供战略建议，帮助读者更好地应对未来的挑战和机遇。

第二节　未来展望

一、地方国有企业的转型之路

在未来的发展脉络中，中国的地方国有企业有望实现从财政兜底的融资平台向产业资本企业的转型。这种转型不仅意味着财务和结构上的调整，更是战略定位和经营哲学的根本转变。地方国有企业将更专注于服务本地经济，同时向周边区域扩展其影响力，成为推动区域经济发展的重要力量。

二、市场化转型的关键

市场化转型的关键包括但不限于以下几方面。

（一）运营和管理模式的创新

地方国有企业需摆脱传统的运营管理模式，转变为更灵活、更高效的市场化模式。这涉及企业文化的重塑、管理流程的优化和决策机制的现代化。

（二）人才体系的市场化

人才是企业发展的核心。国有企业需要吸引和培养具有市场竞争力的人才，建立以绩效为导向的人才评价和激励机制。

（三）财务结构的优化

从依赖政府补贴转向提高自身融资能力，加强资本运作和财务管理，提高资金使用效率。

三、混改公司的角色转变

作为探路先锋的混改公司，肩负着改革先锋的使命，将在未来逐渐与当地国有企业深度融合，成为国有企业转型道路上不可或缺的辅助者。这种融合绝非简单的形式上的结合，而是一场全方位、深层次的融合。

在管理方面，混改公司凭借其灵活的市场化机制和先进的管理理念，为传统国有企业注入新的活力。混改公司带来的现代化企业治理模式、先进的决策流程，能够帮助国有企业提升运营效率，实现从传统管理模式向现代化管理模式的平稳过渡。

在运营方面，混改公司能够凭借其敏锐的市场洞察力和灵活的市场应变能力，助力国有企业更好地适应市场变化。通过引入新的业务模式、创新的营销策略以及高效的资源配置方案，混改公司能够帮助国有企业拓展市场空间，提升市场竞争力，从而在激烈的市场竞争中占据一席之地。

这种融合还促进了企业文化和价值观的交流与碰撞。国有企业长期以来所秉持的稳健、责任与担当的价值观，与混改公司所倡导的创新、效率和市场导向的价值观相互交融，将形成一种全新的企业文化。这种文化不仅能够激发员工的创造力和积极性，还能够为国有企业的市场化转型提供强大的精神动力和方向指引。

在相互融合的过程中，混改公司与国有企业通过相互学习、相互促进，共同探索出一条适合中国特色社会主义市场经济的国有企业转型之路。不仅有助于提升国有企业的整体实力和竞争力，还将为整个行业的健康发展提供宝贵的经验和借鉴，推动中国经济在高质量发展的道路上行稳致远。

四、数字化转型

数字化转型是国有企业未来发展的趋势。在这个数据驱动的时代，数字化不仅能提升企业的运营效率，更是实现精细化管理和决策的关键。具体来说，有以下几个方面。

（一）运营的数字化

国有企业通过引入先进的信息技术和数字化工具，如大数据分析、云计算等，可以实现更高效的资源配置、更精准的市场定位和更迅速的决策过程。

（二）监督与促进的数字化

数字化技术除了用于内部管理和运营，还能在监督和合规方面发挥重要作用。通过实时数据监控和分析，国有企业能够更有效地管理风险，确保透明度和合规性。

（三）市场化进程的数字化助力

数字化能力将成为国有企业在市场竞争中的重要优势。利用数字化手段，国有企业可以更好地理解市场需求、优化客户体验，从而在市场化进程中占据有利位置。

（四）数据资产的管理和资本化

随着《企业数据资源相关会计处理暂行规定》的实施，国有企业的数据资产化已成为可能。通过数据资产的清查、识别、分类、价值评估和账务处理，国有企业能够将数据资源转化为具有财务价值的资产，进而开辟融资新渠道，增强企业的资本实力。特别是在公共服务、文化旅游、开发区运营和城市基础设施等领域，国有企业通过数据资产的管理和运营，能够提升服务效率，优化资源配置，并在数据要素市场化服务中发挥主导作用。此外，通过构建数据要素运营体系和数字要素产业园区，国有企业将促进地方产业链的数字化转型，形成数据驱动的经济增长新模式。

第三节　站在这个时代，拥抱变革，迎接机遇

一、国际环境的复杂性

在错综复杂的国际环境下，尽管整体经济形势充满挑战，市场不确定性增加，但对于敏锐且富有洞察力的企业而言，这是探索新机遇、寻找新的增长动力的关键时刻。如何把握住机遇，通过混改调整企业管理和发展模式，将成为决定企业实现可持续发展的关键所在。

二、地方国有企业的发展机遇

中国某些区域的地方国有企业正站在新的历史起点上。

（一）云南省的地理优势

云南省通过泛亚铁路与东盟国家相连，这一地理位置为双边贸易提供了独特的平台和机遇。地方国有企业可充分利用这一优势，加强与东盟国家的经济贸易合作，探索更多的跨境合作项目。

（二）新疆的自贸区定位

新疆的自贸区定位为该地区带来新的经济机遇。与中亚邻国接壤给能源贸易带来了便利的同时，也为轻工业和其他产业的发展打开了大门。这为地

方国有企业提供了宝贵的机会，使它们能通过混改机制积极参与该区域的经济发展。

（三）东北部的战略位置

东北部老工业区，尤其是丹东经济开发区和满洲里，因其独特的地理位置成为连接朝鲜、俄罗斯的重要枢纽。这些地区的经济振兴不仅为地方国有企业带来新机遇，同时也为整个东北区域的经济发展注入了动力。

三、拥抱挑战，迎接变革

在这个风云变幻的时代，地方国有企业需要展现出前所未有的灵活性和创新能力。通过混改公司的机制，企业能够更灵活地应对市场变化，更积极地抓住国内外的经贸机遇。

（一）战略预见性

地方国有企业须具备战略预见性，敏锐洞察国际和国内经济的变化趋势，抓住先机。

（二）灵活应对

在快速变化的环境中，国有企业需通过混改公司的机制，迅速调整其商业模式和经营策略。

（三）勇于创新

面对国际竞争和合作，创新是关键。地方国有企业需要积极探索新技术、新市场和新模式。

期望这些思考和洞见能够激励并指导读者，尤其是那些位于转型前沿的企业领导人。未来虽然充满挑战，但同样充满了机遇。让我们拥抱变革，迎接新的发展阶段，共同推动中国地方国有企业走向更加辉煌的未来。

附 录

附录1 《公司设立建议书》参考结构

公司设立建议书

第一章 公司设立内容概述

一、公司设立背景

结合具体省市"十四五"金融规划提出的具体鼓励国有企业改革的政策，阐述该地区成立混改公司的发展目标。

二、股东简介

简要介绍国有股东方及民营股东方情况。

三、公司设立宗旨

结合混改公司性质及经营内容，阐述未来发展方向以及对区域带来的影响。

四、公司设立的必要性

结合公司经营内容，阐述对区域发展规划的正向反馈，说明公司设立的必要性。

五、公司设立的可行性

建议从市场需求可行性、政策支持可行性、资源整合可行性三个方面说明混改公司落地的具体可操作性。

六、公司运营思路

根据公司性质阐述公司基本要务及运营思路。

七、公司发展规划及目标

详细说明公司短中长期的发展规划及要达到的目标。

第二章 公司筹建方案

包括公司名称、备选公司名称、注册资本、公司性质、经营范围、股东股份占比、董事会监事会构成、法人、组织架构等公司基本情况。

第三章　公司服务内容

介绍混改公司提供的服务内容。

第四章　收益测算

列明收益测算相关内容。

附录 2 《风险评估报告》

成立×××有限责任公司风险评估报告

一、背景介绍

按照中国人民银行印发的《金融科技（FinTech）发展规划（2019—2021年）》的要求，以及省市有关金融创新领域的工作要求，抢抓×市建设国家新一代科技创新发展试验区机遇，加快国家西部金融中心建设。根据《×市金融局2021年工作要点》提出的强化金融保障、深化金融改革、守住风险底线，为全面建设社会主义现代化城市贡献金融力量，提升金融服务效能、推动监管科技应用、提升穿透式监管能力等重点战略任务，按照市内统一工作部署，由×市×××有限责任公司发起设立，着力打造我区综合金融服务公司，力争成为区域内金融企业"领跑者"。

二、经营过程风险分析

（一）政策风险

放眼全局，当前中国经济正处于转型调整期，这对金融稳定和发展带来诸多挑战。中央在2014年就提出中国经济增长进入新常态，习近平总书记为此提出"正确认识我国经济发展的阶段性特征，进一步增强信心，适应新常态，共同推动经济持续健康发展"。在习近平总书记看来，新常态有几个主要特点：一是从高速增长转为中高速增长；二是经济结构不断优化升级；三是从要素驱动、投资驱动转向创新驱动。不再追求两位数高速增长，转而推动经济高质量可持续发展。但经济发展的实际路径和模式仍在惯性运行，并未发生根本性转变。中国金融业正处于前期积累问题集中暴露的关键时期，亟待全面深化改革开放，而改革开放与稳定发展面临诸多严峻挑战。审视当下，在经济换挡转型、金融亟待加快改革开放的关键时刻，在极其复杂多变的内外环境下，金融最大的风险可能不是杠杆率过高，而是政策选择和实施偏差的风险。

在这一大背景下，政策走向将会更加灵活多变，也更加注重金融业态"质"的提高。金融服务行业大中小型企业均面临政策随时调整的风险，×××混改公司身处其中，也面临着政策不确定性，从而影响业务开展。

（二）行业风险

金融服务行业的外部风险是行业主要风险，主要指行业面临的系统风险。

系统风险主要包括国家风险和集中风险。国家风险是指由于政治、经济以及社会因素的变动，给金融服务商带来商务风险。集中风险则是指行业发展集中于某一个服务商，形成垄断局面。这种情况下，该服务商的经营状况直接影响整个金融服务产业的发展，既不利于市场竞争，也不利于其他服务商的发展，从而使金融服务业务风险集中。

（三）经营风险（经营过程中的管理风险、市场风险）

经营风险是指×××混改公司在经营过程中面临的市场风险，主要体现在服务质量与成本的平衡上。随着市场环境变化、行业格局改变以及服务技术与经验成熟，市场竞争加剧，金融服务行业运营成本上升，或者服务价格降低，从而导致行业整体利润降低。这也可以视为经营过程中面临的行业周期性风险。

（四）技术风险

技术风险指技术被模仿、泄露以及技术不适用的风险。随着信息技术的发展，金融服务行业高度依赖计算机信息技术和信息网络技术，因此技术风险与金融服务行业联系紧密。技术的保密性与安全性要求极高，但可能导致技术缺乏延展性与连续性。技术更新换代快，使机构原有信息系统难以跟上发展。新技术的使用受限，会阻碍金融服务业务的开展。此外，技术本身可能存在缺陷，一旦遭受黑客攻击，金融机构将受到重创，从而直接影响金融服务业务开展。

（五）法律风险

1.企业设立、运营中的法律风险

在公司设立过程中，发起人是否对拟设立的企业进行充分的法律设计，是否对企业设立过程有充分的认识和计划，是否完全履行了设立企业的义务，以及发起人本人是否具有相应的法律资格等。

2.合同订立、履行过程中的法律风险

在×××混改公司经营过程中，几乎所有商务活动都涉及合同。因此，合同订立和履行中的法律风险广泛存在。

3.知识产权法律风险

知识产权包括商标权、专利权、著作权等，其客体是一种非物质形态的特殊财产，需要相关法律的特别规定。在知识产权领域，企业稍有疏忽，就可能面临知识产权被侵犯的风险。无论是侵权还是被侵权，都可能带来巨大的法律风险。

4.人力资源管理法律风险

我国与人力资源有关的法律法规主要包括《中华人民共和国劳动法》《中华人民共和国民法典》以及相关行政法规和部门规章。在企业人力资源管理的各个环节，从招聘到面试、录用、签订劳动合同直至员工离职，均有相关法律法规的约束。企业任何不遵守法律法规的行为都有可能引发劳动纠纷，进而给企业带来不良影响。

5.企业财务税收法律风险

在我国目前的财税政策环境下，如果企业处理不当"税务筹划"问题，可能会遭受不必要的经济损失，甚至承担相应的法律责任。

（六）财务风险

通常，根据风险的来源可以将财务风险划分为以下类型。

1.筹资风险

筹资风险是指由于资金供需市场、宏观经济环境的变化，企业在筹集资金过程中给财务成果带来的不确定性。筹资风险主要包括利率风险、再融资

风险、汇率风险和购买力风险等。

2.投资风险

投资风险指企业投入一定资金后，因市场需求变化导致最终收益与预期收益偏离的风险。投资风险主要包括利率风险、再投资风险、汇率风险、通货膨胀风险、金融衍生工具风险、道德风险、违约风险等。

3.流动性风险

流动性风险是指企业资产不能正常转换为现金，或企业债务和付现责任不能正常履行的可能性。可以从企业的变现能力和偿付能力两方面对企业的流动性风险进行分析与评价。

三、解决措施

（一）政策风险

审视当下，在经济换挡转型、金融亟待加快改革开放的关键时期，面对极其复杂多变的内外环境，金融最大的风险可能不是杠杆率过高，而是政策选择和实施偏差风险。

在重大转折时期，能否准确预测和有前瞻性地把握经济金融的实际走势，并据此准确制定和有效落实宏观政策，对防控风险至关重要。因此，要特别关注和防范宏观政策本身的偏差风险。

因此，×××混改公司在未来经营过程中：

（1）要准确把握中国国情和时代特征，不能忽视融资结构、货币结构以及发展阶段差异。

（2）要处理好货币政策、财政政策与产业政策的关系。

（3）要深度剖析经济转轨期的金融运行及政策轨迹，预判规律，识别潜在风险。

（4）要不断提升产品的研发及创新能力以应对政策变动。

（二）行业风险

行业风险是各领域均可能面临的系统性风险。系统性风险具有不可分散性，难以通过多样化手段规避。系统性风险虽不能避免，但可以通过预判，准备应急预案。

对于系统风险，企业应主动推动监管制度完善。作为金融服务公司的监管机构，如银保监会和证监会，应细化对被监管方的要求，强化外部监督职能。同时，无论是监管机构还是被监管机构都应当建立全面风险监控程序，涵盖金融服务活动及其与服务供应商关系的全程记录。

（三）经营风险

经济活动具有显著的周期性特征。经济增长通常被分为复苏、繁荣、衰退、萧条四个阶段，每个阶段又会分为初始期、持续期、转变期，不同时期会表现出不同的经济运行特征。针对金融行业的周期性风险，×××混改公司可采取以下应对措施：

（1）提升对经济周期的判断能力；

（2）建立严密的风险信息传递机制，实行严格的风险约束政策，坚决执行刚性预算管理；

（3）构建经济周期监测机制，配套逆周期预警系统与风险监管指引；

（4）提高对全球经济周期变化的把控能力。

（四）技术风险

对于技术风险，×××混改公司要积极拥抱大数据，推动业务与信息技术深度融合。重点关注技术安全性，建立健全更适应数字化时代要求的全面风险管理体系，通过风险监测预警机制精准识别高风险交易、智能感知异常交易，实现风险早识别、早预警、早处置。

1.强化信息科技风险防控顶层设计

风险管理与业务发展同是"一把手"工程，应从董事会、风险管理委员会等入手，应明确各专业部门和业务条线的职责分工，构建责任明晰、互相监督、高效协同的管理组织架构，制定信息科技风险管控策略和目标，建立保障制度和机制，确保信息科技风险管理有效落地。

2.完善信息科技风险防控人员配置

人是风险防控的核心，应健全专业的风险管控团队，从制度、规划、运维、安全、业务连续性、合规等职能角度设置必要岗位，构建跨条线协同联动的常态化管理机制。

3.加强全员风险防控意识教育培训

需定期对全员进行风险防控意识教育、技术培训和技能考核，进行信息科技风险防控文化建设，提高全员风险防控意识和实操能力。

（五）法律风险

在市场经济条件下，"依法治国，依法治企"的理念逐步深入人心。为了最大限度地防范企业的法律风险，提高×××混改公司的核心竞争力，针对法律事务，应进行事前的法律防范、事中的法律控制、事后的法律补救。

（1）事前，建立公司法律文件审查制度和公司法律咨询及指导制度。

（2）事中，加强公司内部管理的法律控制、合同履行的法律控制和法律控制的操作程序。

（3）事后，在出现法律问题与纠纷后，运用法律手段进行处理，化解法律风险，最大限度减少企业的损失。

（六）财务风险

1.化解筹资风险的主要措施

当企业经营业务资金不足时，可以通过发行债券或银行借款等方式来筹集所需资本。

2.化解投资风险的主要措施

企业对外投资时，应该采取分散投资的策略，组成投资组合，通过组合来降低风险。

3.化解流动性风险的主要措施

企业流动性较强的资产主要包括现金、存货、应收账款等项目。防范流动性风险的目的是在保持资产流动性的前提下，实现利益的最大化。因此，应该确定最优的现金持有量、最佳的库存量，以及加快应收账款的回收等。

持有现金存在时间成本的问题，手中持有现金过多，会由于较高的资金占用率而失去其他的获利机会；而持有现金太少，又会面临资金不能满足流动性需要的风险。因此，应该确定一个最优的现金持有量，从而在防范流动性风险的前提下实现利益的最大化。

四、结论

综上所述，×××混改公司在经营过程中可能会遭遇政策风险、行业风险、经营风险、技术风险、法律风险、财务风险等。对上述各类风险，×××混改公司经营团队已设计了相应的应对方案，并且具备灵活应对突发事件的能力。因此，在未来的经营中，公司将大大降低风险带来的损失，公司整体经营过程将处于风险可控的水平。

附录3 《出资协议》

关于成立×市×××混改公司的出资协议书

甲方：×××有限公司

乙方：×××有限公司

鉴于：

一、甲方成立于×年×月×日，注册资本×万元，是×市×区财政局全资控股的子公司。主营业务：矿产资源（非煤矿山）开采；非金属矿物制品制造；非金属矿及制品销售；选矿；矿物洗选加工；矿山机械销售；非金属矿物材料成型机械制造；建设工程施工；金属矿石销售；河道采砂；土地整治服务；机械设备租赁；金属材料销售；建筑材料销售；道路货物运输（不含危险货物）。在×市×区委、区政府、集团公司的领导下，朝着打造"绿色循环持续、国内一流矿业"公司的宏伟愿景，团结拼搏，谱写科学发展的新篇章。

乙方成立于×年×月×日，注册资本×万元。经营范围：接受金融机构委托从事金融信息技术外包；接受金融机构委托从事金融业务流程外包；接受金融机构委托从事金融知识流程外包（不得从事非法集资，吸收公众资金等金融活动）；企业总部管理；信息技术咨询；社会经济咨询；会计、审计及税务服务；会议、展览及相关服务；数据处理及储存服务；信息系统集成服务；软件开发。依法须经批准的项目，经相关部门批准后方可开展经营活动。

二、乙方团队于×年组建开展业务，成立初期以地方金融资产交易所私募产品为主，为各级地方政府平台公司融资。×年，×××有限公司完成了从单一服务商向综合金融服务商的转型，开始为地方政府融资平台提供包括债务分析、债务结构调整、融资工具匹配、资金匹配等全流程配套综合服务。×年，×××公司开始着力打造"科技+金融"的服务模式，为地方政府融资平台提供：第一，"资产债务管理系统"（PLC系统），以严控区域金融风险；第二，打造线上资源整合平台，整合各类C端及B端资金资源，提高地方政府融资平台融资效率，降低融资成本。

三、乙方未来将扎根×市、服务××区，围绕××地区寻找可合作机会，为×市创税收、增就业。

根据《中华人民共和国公司法》（以下简称《公司法》）《中华人民共和国民法典》和其他有关法律法规，本着平等互利、友好协商的原则，双方特订立本协议，共同遵守。

第一章　公司概况

第一条　甲乙双方拟设立公司，该公司成立宗旨：为×××有限公司及×市域内各企业提供数字化转型服务，实现数字化办公和数字化运营。

第二条　名称：×市×××公司（以下简称公司），最终公司名称以登记机关核定为准。

第三条　住所：×省×市×区×号。

第四条　营业期限：长期。

第五条　经营范围：（以实际为准）。

第二章　注册资本

第六条　公司注册资本及股东结构：公司注册资本为×万元。其中，甲方以货币认缴出资×万元，出资比例为×%；乙方以货币认缴出资×万元，出资比例为×%。

第七条　公司成立后，甲乙双方应在×年×月×日前实缴完成注册资本金的百分之百。

第八条　甲乙双方以其认缴的出资额为限对公司承担有限责任，公司以其全部财产对公司的债务承担责任。

第三章　公司法人治理结构

第九条　公司按照《公司法》和有关法律法规，设立股东会、董事会、监事、经理层，按照相关法律法规和公司章程的规定行使职权。

第十条　股东会由全体股东组成，是公司的权力机构。股东会会议由股东按照实缴出资比例行使表决权。

第十一条　公司设董事会，由三名董事组成。其中，由甲方提名两名，由乙方提名一名，董事任期三年，届满可连选连任。

董事会设董事长一名，由董事会根据甲方提名，全体董事过半数选举产生，公司法定代表人由甲方指定。

第十二条　公司设监事一名，由股东会代表公司过半数表决权的股东根据乙方提名选举产生；监事任期为三年，届满可连选连任。

第十三条　公司设经理层，包括总经理一名，财务总监一名。总经理由董事会根据乙方的提名聘任或解聘，财务总监由董事会根据甲方的提名聘任或解聘。

第十四条　公司经理层实行总经理负责制，根据分工和授权开展工作、行使职权，对董事会负责。

第十五条　公司内部管理机构设置及部门负责人由公司董事会决定。

第十六条　甲乙双方应协助指导公司经营层管理，确保公司合法合规经营。

第四章　双方权利与义务

第十七条　双方作为股东，享有以下权利：

（一）公司成立后，按照相关法律法规和公司章程的规定，行使经营管理监督的权利。

（二）根据公司章程规定，享有公司经营的知情权。

（三）按照持股比例享受分取红利的权利。

（四）按照持股比例享受财产分配的权利。

（五）按照公司章程规定，增加注册资本时，享有优先认购权。

（六）相关法律法规、公司章程和本协议规定的其他权利。

第十八条　双方作为股东，应履行以下义务：

（一）双方应及时提供公司设立所必需的文件材料，并配合办理相关手续，包括营业执照和日常经营所需要的各类证照。

（二）按期足额缴纳出资。

（三）公司成立后，不得抽逃出资。

（四）双方根据各自的资源、行业经验等，共同推动公司快速发展。

（五）相关法律法规、公司章程和本协议规定的义务。

第五章　利润分配方案

第十九条　公司税后利润分配方案经股东会审议通过后，按实缴出资比例进行分配。

第二十条　公司应在每一会计年度结束后三十天内编制年度财务会计报表，在四月三十日之前出具年度审计报告。公司应在审计报告出具后三十天内召开股东会。

第六章　增资和股权转让

第二十一条　根据公司发展需要，可增加注册资本，甲乙双方根据股东会决议进行增资。

第二十二条　公司成立三年之内，双方均不得向第三方转让股权，期满后向第三方转让股权，需甲乙双方一致同意方可转让。

第七章　公司解散和清算

第二十三条　《公司法》第二百二十九条规定，公司章程规定的营业期限届满或者公司章程规定的其他解散事由出现；股东会决议解散；因公司合并或分立需要解散；依法被吊销营业执照、责令关闭或者被撤销；人民法院依照本法第二百三十一条（公司经营管理发生严重困难，继续存续会使股东利益受到重大损失，通过其他途径不能解决的，持有公司百分之十以上表决权的股东，可以请求人民法院解散公司）的规定予以解散。公司应当在解散事由出现之日起十五日内组成清算组进行清算。

第八章　保密

第二十四条　双方保证对在讨论、签订、执行本协议过程中所获悉的属于其他方的且无法自公开渠道获得的文件及资料（包括商业秘密、公司计划、运营活动、财务信息、技术信息、经营信息及其他）承担保密义务，包括：

（一）接收保密信息的一方应当采取适当的保密措施防范保密信息的泄露；

（二）未经对方事先书面同意，任何一方在任何时候不得向本协议外的其他方泄露上述事项，但向各自上级单位及其聘请的法律、会计等中介机构人员有必要的披露，以及依据法律法规和监管部门要求披露的除外。

第二十五条　公司经营过程中积累的各类数据资源、技术资源等所有权和知识产权均归属于公司所有，任何一方股东未经股东会决议同意，不得擅自使用，不得泄露给任何第三方，不得允许任何第三方使用（法律规定需要公开的除外）。

第二十六条　保密期限自本协议签署之日起至保密信息合法公开或者信息提供方书面通知解除保密义务之日止，且保密义务不因本协议的终止而终止。

第九章　违约责任

第二十七条　公司成立后，若一方未按照公司章程及本协议约定按期足额缴纳出资的，除应当向公司足额缴纳出资，还应当向已按期足额缴纳出资的守约方承担违约责任。每逾期一日，违约方应向其他守约方支付其应缴纳而未缴纳出资额的万分之五作为违约金，原则上不得超过三十日。

第二十八条 任何一方未履行或者未全面履行出资义务，根据实缴出资比例应分配的利润，应首先用于补足未按期缴纳的出资，并承担未缴纳出资额的每日万分之五作为违约金。

第二十九条 若因一方违约导致公司最终未能设立的，由违约方承担公司筹备期间发生的一切费用。

第三十条 任何一方未遵守保密条款给公司造成重大影响及损失的，应当承担相应的违约责任并赔偿由此造成的损失。

第十章 通知与送达

第三十一条 甲乙双方就本合同以及公司章程涉及和有关的各类通知，以及发生纠纷时相关文件和法律文书送达时的送达地址及法律后果作如下约定：

甲方确认其有效的送达地址为：×省×市×区×号。

乙方确认其有效的送达地址为：×市×区×路×号。

第十一章 其他

第三十二条 公司筹备期间的筹备工作，双方应积极予以配合，并有权监督相关工作，确保筹备相关费用支出合法合规。因公司筹备工作产生的费用由乙方先行统筹安排，在公司成立后，由公司据实结算支付。

第三十三条 非因本协议任何一方违约导致公司最终不能设立时，因公司筹备所产生的费用按双方的出资比例进行分摊。

第三十四条 本协议在履行过程中发生争议时，应先以友好协商的方式解决。在协商无法解决的情况下，任何一方均可向甲方所在地人民法院提起诉讼。

第三十五条 如公司未设立成功，则本协议自动终止。

第三十六条 本协议经双方签字并盖章后生效，一式四份，各执两份，具有同等法律效力。

第三十七条　对于本协议未尽事宜，双方可签署补充协议加以约定，与本协议具有同等法律效力。

甲方：×××有限公司（盖章）

法定代表人或授权代表人：

乙方：×××有限公司（盖章）

法定代表人或授权代表人：

签署地点：

签署日期：　　年　月　日

附录4 《公司章程》

×××有限公司
公司章程

第一章　总则

第一条　为了维护公司和股东、债权人的合法权益，规范公司的组织和行为，根据《中华人民共和国民法典》《中华人民共和国公司法》（以下简称《公司法》）等有关法律、法规的规定，制定本章程（以下简称本章程）。

第二条　公司名称：×××有限公司。

第三条　公司住所：×省×市×区×号。

第四条　公司由×名股东出资设立，股东以其认缴的出资额为限对公司承担责任；公司以其全部财产对公司的债务承担责任。公司享有由股东投资形成的全部法人财产权，并依法享有民事权利，承担民事责任，具有企业法人资格。

第五条　公司从事经营活动，必须遵守法律、行政法规，遵守社会公德、商业道德，诚实守信，接受政府和社会公众的监督，承担社会责任。公司的合法权益受法律保护，不受侵犯。

第六条　经营范围：（以实际为准）。

第七条　公司营业执照签发日期为公司成立日期。营业期限：长期。

第二章　注册资本

第八条　公司注册资本：×万元。

第九条　股东名称、出资额、出资方式和出资时间见下表。

股东名称、出资额、出资方式和出资时间

股东名称	统一社会信用代码	出资额	出资比例	出资时间	出资方式
×××有限公司	××××××××	×万元	×%	×年×月×日	货币
×××有限公司	××××××××	×万元	×%	×年×月×日	货币

第十条　公司登记注册后，应当向股东签发出资证明书。出资证明书应载明公司名称、公司成立日期、公司注册资本、股东姓名或者名称、缴纳的出资额和出资日期、出资证明书编号和核发日期。出资证明书由公司盖章，一式两份，股东和公司各持一份。出资证明书遗失，应立即向公司申报注销，经公司法定代表人审核后予以补发。

第十一条　公司应当置备股东名册，记载股东的姓名或名称、住所、出资额及出资证明书编号等内容。

第三章　股东的权利、义务和股权转让

第十二条　股东的权利：

（一）股东依法享有资产收益、参与重大决策和选择管理者等权利；

（二）查阅和复制本章程、股东会会议记录、股东会会议决议、董事会会议决议和财务会计报告；

（三）法律法规规定的其他权利。

第十三条　股东的义务：

（一）按期足额缴纳所认缴的出资额；

（二）公司成立后，不得抽逃出资；

（三）法律法规规定的其他义务。

第十四条　根据公司发展需要，可增加注册资本，甲乙双方根据股东会决议进行增资。

第十五条　公司成立后经全体股东一致同意，方可向第三方转让股权。

第四章　公司机构及高级管理人员的资格和义务

第十六条　为保障公司生产经营活动的顺利、正常开展，公司设立股东会、董事会和监事，负责全公司生产经营活动的预测、决策，并组织领导、协调、监督等工作。

第十七条　公司设经理层，负责处理公司在开展生产经营活动中的各项日常具体事务。

第十八条　董事、监事、高级管理人员应遵守《公司法》、国家其他有关法律法规的规定和本章程。

第十九条　公司在制定、修改或者决定有关劳动报酬、工作时间、休息休假、劳动安全卫生、保险福利、职工培训、劳动纪律以及劳动定额管理等直接涉及劳动者切身利益的规章制度或重大事项时，应当经职工代表大会或者全体职工讨论，提出方案和意见，与工会或者职工代表平等协商确定。

第二十条　公司研究决定改制以及经营方面的重大问题、制定重要的规章制度时，应当听取公司工会的意见，并通过职工代表大会或者其他形式听取职工的意见和建议。

第二十一条　有下列情形之一的人员，不得担任公司董事、监事、高级管理人员：

（一）无民事行为能力或者限制民事行为能力；

（二）因贪污、贿赂、侵占财产、挪用财产罪或者破坏社会主义市场经济秩序，被判处刑罚，或者因犯罪被剥夺政治权利，执行期满未逾五年，被宣告缓刑的，自缓刑考验期满之日起未逾二年；

（三）担任破产清算的公司、企业的董事或者厂长、经理，对该公司、企业的破产负有个人责任的，自该公司、企业破产清算完结之日起未逾三年；

（四）担任因违法被吊销营业执照、责令关闭的公司、企业的法定代表人，并负有个人责任的，自该公司、企业被吊销营业执照之日起未逾三年；

（五）个人因所负数额较大的债务到期未清偿被人民法院列为失信被执行人。

公司违反前款规定选举、委派董事、监事或者聘任高级管理人员的，该选举、委派或者聘任无效。

董事、监事、高级管理人员在任职期间出现本条第一款所列情形的，公司应当解除其职务。

第二十二条　国家公务员、事业单位人员如需在公司任职，应按照法律法规和省、×市的相关规定执行。

第二十三条　董事、监事、高级管理人员应当遵守法律、行政法规和公司章程，对公司负有忠实义务和勤勉义务。

董事、监事、高级管理人员不得利用职权收受贿赂或者其他非法收入，不得侵占公司的财产。

第二十四条　董事、高级管理人员不得有下列行为：

（一）挪用公司资金；

（二）将公司资金以其个人名义或者以其他个人名义开立账户存储；

（三）违反公司章程的规定，未经股东会同意，将公司资金借贷给他人或者以公司财产为他人提供担保；

（四）违反公司章程的规定或者未经股东会同意，与本公司订立合同或者进行交易；

（五）未经股东会同意，利用职务便利为自己或者他人谋取属于公司的商业机会，自营或者为他人经营与所任职公司同类的业务；

（六）将他人与公司交易的佣金归为己有；

（七）擅自披露公司秘密；

（八）违反对公司忠实义务的其他行为。

董事、高级管理人员违反前款规定所得的收入应当归公司所有。

第五章　股东会

第二十五条　公司设股东会，由全体股东组成，为公司的最高权力机构。股东会会议由股东按照出资比例行使表决权。未按期出资的股东，不享有表决权。

第二十六条　股东会行使以下职权：

（一）决定公司的经营方针和投资计划；

（二）选举和委派非由职工代表担任的董事、监事，决定有关董事、监事的报酬事宜；

（三）审议批准董事会的报告；

（四）审议批准公司的年度财务预算方案、决算方案；

（五）审议批准公司的利润分配方案和弥补亏损的方案；

（六）对公司增加或减少注册资本作出决议；

（七）对发行公司债券作出决议；

（八）对公司合并、分立、解散、清算或者变更公司形式作出决议；

（九）修改公司章程；

（十）决定公司融资、借款、担保事务；向其他企业投资；决定关联交易事项；

（十一）公司章程规定的其他职权。

第二十七条　股东会分定期会议和临时会议。首次股东会会议由出资最多的股东召集和主持。股东会每年至少召开一次，由董事会召集，董事长主持。董事长不能履行职务或者不履行职务的，由半数以上董事共同推举一名董事主持。

召开股东会会议，定期会议应于会议召开十五日前通知全体股东，临时会议应于会议召开三日前通知全体股东。

（一）股东会议应对所议事项作出决议。股东会会议作出第二十六条第（六）（七）（八）（九）（十）（十一）项事项决议时，必须经代表三分之二以上表决权的股东通过。其余事项必须经代表二分之一以上表决权的股东通过；

（二）股东会应对所议事项的决议作成会议记录，出席会议的股东应在会议记录上签名，会议记录作为公司档案材料长期保存；

（三）对第二十六条所列事项股东以书面形式一致表示同意的，可以不召开股东会会议，直接作出决议，并由全体股东在决议文件上签名、盖章。

第六章　董事会、经理层、监事

第二十八条　本公司设董事会，公司董事会由三名董事组成。其中由×××有限公司提名两名，由×××有限公司提名一名。董事会设董事长一名，由董事会根据×××有限公司提名经全体董事过半数选举产生。

第二十九条　法定代表人由股东选举产生。

第三十条　董事会对股东会负责，行使以下职权：

（一）负责召集股东会会议，并向股东会报告工作；

（二）执行股东会的决议；

（三）制定公司的经营计划和投资方案；

（四）制定公司的年度财务预算方案、决算方案；

（五）制定公司的利润分配方案和弥补亏损方案；

（六）制定公司增加或者减少注册资本以及发行公司债券的方案；

（七）制定公司合并、分立、解散或者变更公司形式的方案；

（八）决定公司内部管理机构的设置；

（九）负责聘任或解聘管理层，决定其报酬事项。

（十）制定公司的基本管理制度（包含薪酬和绩效制度）；

（十一）公司章程规定的其他职权。

第三十一条　董事任期为三年，届满可以连选连任。

董事会会议由董事长召集和主持，董事长不能履行职务或者不履行职务时，由半数以上董事共同推举一名董事召集和主持。

董事会每年至少召开一次董事会会议，应当于会议召开三日前通知全体董事。三分之一以上董事可以提议召开董事会会议。董事会会议应由二分之一以上的董事出席方可举行。董事会会议的表决，实行一人一票。董事会作出决议，须经全体董事过半数通过。

董事会应当对所议事项的决议作成会议记录，出席会议的董事应在会议记录上签名。

第三十二条 公司设经理层，包括经理一名，财务总监一名。经理由×××有限公司提名，财务总监由×××有限公司提名，经理层对董事会负责，行使以下职权：

（一）主持公司的生产经营管理工作，组织实施股东会决议；

（二）组织实施公司年度经营计划和投资方案；

（三）拟定公司内部管理机构设置方案；

（四）拟定公司的基本管理制度；

（五）制定公司的具体规章；

（六）提请聘任或者解聘公司副经理、财务总监及管理层人选；

（七）决定聘任或者解聘除应由董事会聘任或者解聘以外的管理人员；

（八）董事会授予的其他职权。

经理层应以总经理办公会的形式，组织人员讨论公司生产经营管理中的相关事项，涉及重大事项报董事会审议。

经理列席董事会会议。

第三十三条 公司不设监事会，只设监事一名，由股东会代表公司过半数表决权的股东根据×××有限公司的提名委派产生；监事任期为每届三年，届满可连选连任；本公司的董事、经理、财务负责人不得兼任监事。

监事行使以下职权：

（一）检查公司财务；

（二）对董事、高级管理人员执行公司职务的行为进行监督，对违反法律、行政法规、公司章程或者股东会决议的董事、高级管理人员提出罢免的建议；

（三）当董事、高级管理人员的行为损害公司的利益时，要求董事、高级管理人员予以纠正；

（四）提议召开临时股东会会议，在董事会不履行《公司法》规定的召集和主持股东会会议职责时召集并主持股东会会议；

（五）向股东会会议提出提案；

（六）依照《公司法》第一百八十九条的规定，对董事、高级管理人员提起诉讼；

（七）公司章程规定的其他职权。

（八）监事可以列席董事会会议，并对董事会决议事项提出质询或建议。

（九）发现公司经营情况异常，可以进行调查；必要时，可以聘请会计师事务所等协助其工作，费用由公司承担。

第七章　财务、会计

第三十四条　公司应当依照法律、行政法规和国务院财政部门的规定建立本公司的财务、会计制度。

第三十五条　公司应在每一会计年度终结后三十天内编制年度财务会计报表，四月三十日之前出具年度审计报告，公司应在审计报告出具后三十天内召开股东会。

第三十六条　公司分配每年税后利润时，提取利润的百分之十列入法定公积金，公司法定公积金累计额为公司注册资本的百分之五十以上的，可以不再提取。

公司的法定公积金不足以弥补以前年度亏损的，在依照前款规定提取法定公积金之前，应当先用当年利润弥补亏损。公司从税后利润中提取法定公积金后，经股东会决议，还可以从税后利润中提取任意公积金。公司弥补亏损和提取公积金后所余税后利润，由股东按实缴出资比例分配。提取任意公积金，须经股东会决议（经代表百分之百表决权的股东通过）同意。

公司股东会应当在每年六月前表决利润分配和弥补亏损方案，原则上用以分配的利润不超过可分配利润的百分之九十。公司应当在同意分配利润的股东会决议作出后三十日内进行利润分配。

第三十七条　公司的公积金用于弥补公司的亏损、扩大公司生产经营或者转为增加公司资本。但是，资本公积金不得用于弥补公司的亏损。法定公积金转为资本时，所留存的该项公积金不得少于转增前公司注册资本的百分之二十五。

第三十八条　公司除法定的会计账簿，不得另立会计账簿。对公司资产，不得以任何个人名义开立账户存储。会计账簿、报表及各种凭证应按财政部有关规定装订成册归档，作为重要的档案资料妥善保管。

第八章　合并、分立和变更注册资本

第三十九条　公司合并，应当由合并各方签订合并协议，并编制资产负债表及财产清单。公司应当自作出合并决议之日起十日内通知债权人，并于三十日内在报纸上公告。债权人自接到通知书之日起三十日内，未接到通知书的公告之日起四十五日内，可以要求公司清偿债务或者提供相应的担保。公司合并时，合并各方的债权、债务，应当由合并后存续的公司或者新设的公司继承。

第四十条　公司分立，应当编制资产负债表及财产清单。公司应当自作出分立决议之日起十日内通知债权人，并于三十日内在报纸上公告。公司分立前的债务由分立后的公司承担连带责任，但是，公司在分立前与债权人就债务清偿达成的书面协议另有约定的除外。

第四十一条　公司需要减少注册资本时，必须编制资产负债表及财产清单。

公司应当自作出减少注册资本决议之日起十日内通知债权人，并于三十日内在报纸上公告。债权人自接到通知书之日起三十日内，未接到通知书的自公告之日起四十五日内，有权要求公司清偿债务或者提供相应的担保。

第四十二条　公司合并或者分立，登记事项发生变更的，应当依法向公司登记机关办理变更登记；公司解散的，应当依法办理公司注销登记；设立新公司的，应当依法办理公司设立登记。

公司增加或者减少注册资本，应当依法向公司登记机关办理变更登记。

第九章　解散、清算、破产和终止

第四十三条　公司因《公司法》第二百二十九条第（一）项公司章程规定的营业期限届满或公司章程规定的其他解散事由出现；第（二）项股东会

决议解散；第（四）项依法被吊销营业执照、责令关闭或者被撤销；第（五）项人民法院依照本法第二百三十一条（公司经营管理发生严重困难，继续存续会使股东利益受到重大损失，通过其他途径不能解决的，持有公司百分之十以上表决权的股东，可以请求人民法院解散公司）的规定予以解散的，应当进行清算。董事为公司清算义务人，应当在解散事由出现之日起十五日内成立清算组进行清算。逾期不成立清算组进行清算或者成立清算组后不清算的，利害关系人可以申请人民法院指定有关人员组成清算组进行清算。

公司清算组应当自成立之日起十日内通告债权人，并于六十日内在报纸上或者国家企业信用信息公示系统公告。债权人应当自接到通知书之日起三十日内，未接到通知书的自公告之日起四十五日内，向清算组申报其债权。

公司财产在分别支付清算费用、职工的工资、社会保险费用和法定补偿金，缴纳所欠税款，清偿公司债务后的剩余财产，按股东实缴出资比例进行分配。

公司清算结束后，清算组应当制作清算报告，报股东会或者人民法院确认，并报送公司登记机关，申请注销公司登记，公告公司终止。

第十章　工会

第四十四条　公司职工依照《中华人民共和国工会法》组织工会，开展工会活动，维护职工合法权益。公司应当为本公司工会提供必要的活动条件。

公司研究决定改制以及经营方面的重大问题、制定重要的规章制度时，应当听取公司工会的意见，并通过职工代表大会或者其他形式听取职工的意见和建议。

第十一章　党的组织

第四十五条　在公司中，根据《中国共产党章程》的规定，设立中国共产党的组织，开展党的活动。公司应当为党组织的活动提供必要条件。公司党组织是公司法人治理结构的有机组成部分。

第十二章　其他

第四十六条　除《公司法》规定的股东可享有的法定知情权，公司的任何股东均有权查阅、复制如下资料，公司应无条件予以配合：

（一）获得股东会的会议记录及会议决议；

（二）获得该年度经营计划及财务预算情况；

（三）获得未经审计的合并月度财务报表；

（四）获得未经审计的合并季度财务报表；

（五）公司会计账簿及公司签署的各类具有法律约束力的文件，包括但不限于公司的发票、原始凭证、记录、合同、技术资料、人员资料及其他文件。

第十三章　附则

第四十七条　公司章程的解释权属公司股东会。

第四十八条　公司章程经全体股东签字盖章生效。

第四十九条　公司可以修改章程，修改章程须经股东会代表三分之二表决权的股东通过后，由公司法定代表人签署并报公司登记机关备案。

第五十条　因本章程产生的或与本章程有关的争议，可依法向×××有限公司所在地人民法院提起诉讼。

第五十　条　公司章程与国家法律、行政法规、国务院决定等有抵触，以国家法律、行政法规、国务院决定等为准。

股东（盖章）

年　　月　　日

附录 5 《股东会议事规则》

××公司
股东会议事规则

第一章 总则

第一条 为完善公司法人治理结构，规范股东会的工作程序，充分发挥股东会的决策作用，更好地维护股东合法权益，根据《中华人民共和国公司法》（以下简称《公司法》）等相关法律、法规及《公司章程》的规定，特制定本议事规则。

第二条 本规则是股东会审议决定议案的基本行为准则，适用于公司。

第二章 股东会的职权

第三条 股东会是公司的最高权力机构，依法行使下列职权：

（一）决定公司的经营方针和投资计划；

（二）选举或者更换非职工代表担任的董事和监事，决定有关董事、监事的报酬事项；

（三）审议批准董事会的报告；

（四）审议批准监事会的报告；

（五）审议批准公司的年度财务预算方案、决算方案；

（六）审议批准公司的利润分配方案和弥补亏损方案；

（七）对公司增加或者减少注册资本作出决议；

（八）对发行公司债券作出决议；

（九）对公司合并、分立、解散、清算或者变更公司形式作出决议；

（十）审议重大资产收购或者出售事项；

（十一）对向公司股东或者实际控制人提供担保作出决议；

（十二）修改公司章程；

（十三）法律、行政法规和公司章程规定的其他职权。

第三章　股东会的召开

第四条　股东会会议分为定期股东年会和临时股东会议。股东会由全体股东参加，公司董事、监事、董事会秘书应列席会议，公司高级管理人员、聘任律师及其他人员根据会议安排可列席会议。

第五条　股东年会每年至少召开一次，并应于上一个会计年度完结之后的六个月之内举行。

第六条　有下列情形之一的，公司应当在事实发生之日起两个月内召开临时股东会议：

（一）代表十分之一以上表决权的股东提议时；

（二）三分之一以上的董事提议召开时；

（三）监事会提议召开时；

（四）董事会认为必要时；

（五）法律、行政法规或者公司章程规定的其他情形。

第七条　首次股东会会议由出资最多的股东召集，以后由董事会召集，董事长主持。董事长因特殊原因不能履行职务时，由董事长指定的其他董事主持。董事会不能履行或者不履行召集股东会会议职责的，由监事会召集和主持；监事会不召集和主持的，代表十分之一以上表决权的股东可以召集，并由出席会议的股东共同推举一名股东主持。

第八条　召开股东会，董事会应当在会议召开七日以前以书面形式、传真形式、邮件形式等可以形成文字记录的方式通知公司全体股东。

拟出席股东会的股东，应当于会议召开五日前，将出席会议的意见回复公司，应采取书面形式、传真形式、邮件形式等可以形成文字记录的方式。

第九条　股东会会议通知包括以下内容：

（一）会议的时间、地点和会期；

（二）提交会议审议的议案；

（三）会务联系人姓名及电话号码。

第十条　股东可以委托代理人出席股东会和表决，但应当以授权委托书的形式书面进行委托，并由委托人签字；委托人为法人的，应当加盖法人印章。代理人出席会议时，应出示本人身份证、授权委托书。

第十一条　法人股东应由法定代表人或者法定代表人委托的代理人出席会议。法定代表人委托代理人出席会议时，代理人应出示本人身份证、法人股东单位的法定代表人依法出具并加盖法人单位印章的授权委托书。

第十二条　股东出具的委托人出席股东会的授权委托书应当载明下列内容：

（一）代理人的姓名、身份证号码；

（二）是否具有表决权；

（三）分别对列入股东会议程的每一审议事项投赞成、反对或弃权票的指示；

（四）对可能纳入股东会议程的临时议案是否有表决权，如果有表决权应行使何种表决权的具体指示；

（五）委托书签发日期和有效期限；

（六）委托人签名（或盖章），委托人为法人股东的，应加盖法人单位印章。

第十三条　三分之一以上董事或者代表十分之一以上表决权的股东，以及监事会提议要求召集临时股东会，应当按照下列程序办理：

（一）签署书面申请并附提请审议的议案，提请董事会召集临时股东会。

（二）董事会在收到前述书面申请后十日内，发出召集临时股东会的通知。

（三）如果董事会没有按时发出召集临时股东会的通知，且没有任何解释，提出召集要求者可以在董事会收到该申请后十五日内自行召集临时股东会；其程序与董事会召集股东会的程序相同。

第十四条　公司董事会可以聘请律师出席股东会，对上会议案、表决程序、参会人员资格及其他事项出具法律咨询意见。

第四章　股东会议案的审议

第十五条　股东会的议案必须是针对应当由股东会讨论的事项所提出的具体议案。董事会在召开股东会的通知中应列出本次股东会讨论的事项，并将拟审议的所有议案的内容充分披露。

第十六条　股东会议案应当符合下列条件：

（一）内容与法律、法规和公司章程的规定不相抵触，并且属于公司经营范围和股东会职责范围；

（二）有明确议题和具体决议事项；

（三）以书面形式提交或送达董事会。

第十七条　公司召开股东会时，经全体与会股东同意，可以审议单独或合并享有公司百分之二十五以上表决权的股东，向会议提出新的议案。

第十八条　董事会应当以公司和股东的利益为行为准则，依据法律、法规、公司章程的规定对股东会议案进行审查。

第十九条　董事会有合法、充分、确切的理由，可决定不将某项股东会议案列入会议日程，但应当在该次股东会上进行解释和说明。

第二十条　在股东年会上，董事会应当就前次股东年会以来股东会决议中应由董事会办理的各事项执行情况向股东会作出专项报告，由于特殊原因股东会决议事项不能执行的，董事会应当说明原因。

第五章　股东会议案的表决

第二十一条　股东（包括股东代理人）以其出资比例行使表决权。

第二十二条　股东会采取记名方式投票表决。

第二十三条　出席股东会的股东对所审议议案可投赞成、反对或弃权票。出席股东会的股东委托代理人在其授权范围内可对所审议提案投赞成、反对或弃权票。

第二十四条　股东会对所有列入议事日程的议案应当进行逐项表决。如某项议案需在会后补充事实或材料方可进行表决的，应将其记录在案，并就该事项明确下一次会议的时间。

第二十五条　如董事会某项议案未能通过股东会的同意表决，董事会认为该议案涉及事项非常重大且紧急的，可对该议案进行补充说明，重新提交股东会审议。再次表决仍不能通过的，持反对意见的股东应有充足理由，并提出有效解决方案。

第六章　股东会的决议

第二十六条　股东会决议分为普通决议和特别决议。

股东会作出普通决议，应当由代表二分之一以上表决权的股东通过。股东会作出特别决议，应当由代表三分之二以上表决权的股东通过。

第二十七条　下列事项由股东会以特别决议通过：

（一）公司增加或减少注册资本；

（二）公司的合并、分立、解散、清算或变更公司形式；

（三）公司章程的修改；

（四）公司章程规定和股东会以普通决议认定会对公司产生重大影响的，需要以特别决议通过的其他事项。

上述以外其他事项由股东会以普通决议通过。

第二十八条　股东会决议应注明出席会议的股东（或股东代理人）人数、所代表股权的比例、表决方式以及每项议案表决结果。

第二十九条　股东会决议应当符合法律和公司章程的规定。董事会应当忠实履行职责，保证决议的真实、准确和完整，不得使用容易引起歧义的表述。

第三十条　股东会会议应做会议记录，原则上由董事会秘书负责记录。会议记录应载明以下内容：

（一）出席股东会的有表决权股权数，占公司总股本的比例；

（二）召开会议的时间、地点；

（三）会议主持人姓名、会议议程；

（四）各发言人对审议事项的发言要点；

（五）每一表决事项的表决结果；

（六）股东的质询意见、建议及董事会、监事会的答复或说明等；

（七）股东会认为和按公司章程规定应当载入会议记录的其他内容。

第三十一条　股东会记录由出席会议的股东或委托代理人、会议主持人和记录员签名，并作为公司档案保存。股东会记录的保管期限为自股东会结束之日起十年。

第七章　附则

第三十二条　股东会的召开、审议、表决程序及决议内容应符合公司法、公司章程及本议事规则的要求。

第三十三条　本规则经股东会全体成员签署批准同意之日起施行，如有与公司章程冲突之处，以公司章程为准。

第三十四条　本规则由股东会负责解释和修改。

附录 6 《董事会议事规则》

××公司
董事会议事规则

第一章　总则

第一条　为了进一步规范××公司（以下简称××公司）董事会议事程序，推进董事会决策的科学化、民主化、规范化，根据《中华人民共和国公司法》（以下简称《公司法》)《中华人民共和国企业国有资产法》及公司章程，结合××公司实际，特制订本规则。

第二条　根据《公司法》，董事会作为决策机构，负责公司重大事项决策、承担国有资产保值增值的责任。董事会会议是董事会集体决策的主要形式。

第三条　本议事规则适用于××公司。××公司履行实际管理权限的全资、控股、参股子公司（以下统称所属企业）可参照执行。

第二章　董事会议事范围

第四条　董事会议事范围包括但不限于：

（一）组织实施股东会决议，审定、批准本公司战略规划和重大决策事项；

（二）审定、批准公司的经营计划、投资方案和对外融资方案；

（三）听取、审查本公司总经理的年度工作报告；

（四）研究、审定本公司年度财务预决算方案、利润分配方案、弥补亏损方案，报股东会批准；

（五）审议、制订本公司发行公司债券、增加或者减少注册资本以及公司合并、分立、解散或者变更公司形式的方案，报股东会批准；

（六）研究、审定公司向其他企业投资或者为他人提供担保方案（不包括

为公司股东或者实际控制人提供担保);

（七）审定、批准本公司重要对外经济合同；

（八）审定、批准本公司大额资金款项支出，用途包括但不限于资产购置、费用开支、购买服务等；

（九）审定、批准本公司内部管理机构的设置；

（十）审定、批准本公司的基本管理制度；

（十一）审定、批准聘任或者解聘本公司总经理及其报酬、奖励；根据总经理的提名，审定、批准聘任或者解聘本公司副总经理、其他副总经理级别管理人员、财务总监及其报酬、奖励等事项；

（十二）审定、批准所属企业的战略规划、年度经营计划、财务预决算方案、利润分配方案、弥补亏损方案、发行公司债券、重大筹融资方案、重大项目投资、对外提供担保、减少注册资本以及公司合并、分立、变更公司形式、解散、申请破产等事项，其中股东会要求上报审批的，按程序报批；

（十三）审定、批准本公司向所属企业外派或更换非由职工代表出任的法人代表、董事长、董事、监事人选方案；审定、批准所属企业总经理、副总经理、其他副总经理级别管理人员、财务总监的推荐人选方案；

（十四）研究、拟定本公司章程修改方案，报股东会批准；审定、批准所属企业章程修改方案；

（十五）审定、批准本公司信息披露事项；

（十六）审定、批准本公司对外捐赠事项；

（十七）研究、批准本公司安全生产和信访维稳工作；

（十八）决定聘用或解聘承办公司审计业务的会计师事务所；

（十九）法律、行政法规、公司章程规定及股东会授予的其他职权。

第三章　董事会会议召集

第五条　董事会每年召开两次定期会议，每半年召开一次。第一次定期会议应当在上一年度财务审计报告完成后三十日内召开，第二次定期会议应在第三季度召开。

召开董事会定期会议，应于会议召开十日前书面通知全体董事和监事。

第六条　董事会会议通知包括以下内容：

（一）会议日期和地点；

（二）会议期限；

（三）事由及议题；

（四）发出通知的日期。

第七条　董事会会议议题由董事长决定，会议通知由董事会秘书拟定，经董事长批准后由董事会秘书送达各位董事。

第八条　有下列情形之一的，董事长应当在十日内召集临时董事会会议：

（一）董事长认为必要时；

（二）代表十分之一以上表决权的股东、三分之一以上董事联名提议时；

（三）监事会提议时；

（四）总经理提议时；

（五）公司章程规定的应当召集董事会会议的其他情形。

董事会召开临时会议应于会议召开三日前通知各位董事。情况紧急，需要尽快召开临时会议的，可通过电话或者其他口头方式发出会议通知，但召集人应在会上作出说明。

第九条　按照第八条规定提议召开董事会临时会议的，提议人应当通过董事会秘书或者直接向董事长提交经签字（盖章）的书面提议。

第十条　董事会实行集体决策制度，对股东会负责。董事会会议由董事长召集和主持。董事长不能履行职务或不履行职务时，由半数以上董事共同推举一名董事召集和主持。

第十一条　董事会会议应当由董事本人出席。董事因故不能出席会议的，可以书面授权委托其他董事代为出席。

授权委托书应当载明代理人的姓名、代理事项、权限和有效期限，并经委托人签名方为有效。

代为出席会议的董事应当在授权范围内行使董事的权利。董事未出席董事会会议，亦未委托代表出席的，视为放弃在该次会议上的投票权。

第十二条　董事会应按规定的时间事先通知所有董事，并提供足够的资料，包括但不限于会议通知中所列的相关背景材料及有助于董事理解公司业务进展的其他信息和数据。

第十三条　董事应当认真阅读董事会送达的会议文件，对各项议案充分思考，准备意见。

第十四条　在紧急情况下，董事长对本应在董事会会议上讨论审议范围而又必须立即决定的特殊事项，尤其是政府安排的紧急事项及涉及安全、维稳等重大突发性事件，有优先处置权，但事后应向董事会报告，并补充完善相关手续和记录。

第四章　董事会议事程序

第十五条　董事会依据《公司法》和公司章程决策。根据公司章程规定，属于董事会审议决策的事项，应由董事会审定通过。

董事会决议执行"三重一大"事项，要定期、不定期向公司监事会通报工作进展，主动接受监督。

董事会在研究决定涉及职工切身利益的重大问题时，应当事先听取工会和职工的意见；法律法规规定应当提交职工代表大会或职工大会讨论、通过的事项，应当依法依规办理。

根据公司章程，需上报股东会审批或授权决定的事项，应及时上报。

第十六条　董事会会议应当有过半数的董事出席方可举行，每名董事享有一票表决权。总经理可以列席董事会会议，但非董事总经理没有表决权。

第十七条　董事会对议案采取"一事一议一表决"的规则，即每一议题审议完毕后，开始表决；一项议案未表决完毕，不得审定下一项议案。

第十八条　董事会认为必要时，可以召集与会议议案有关的其他人员列席会议、介绍情况或者发表意见，但非董事会成员对议案没有表决权。

第十九条　出席会议的董事应本着认真负责的态度，对议案进行审议并充分表达个人意见；董事对其个人的投票承担责任。

第二十条　董事会定期会议和临时会议的表决方式均为举手表决；如董事会会议以传真方式作出会议决议时，表决方式为签字表决。

第二十一条　会议主持人应在每项议案表决完毕后对表决结果进行统计并当场公布，由会议记录人将表决结果记录在案。

第五章　董事会决议和会议记录

第二十二条　每项议案获得规定的有效表决票数后，经会议主持人宣布即形成董事会决议。

董事会决议经出席会议董事签字后生效，未依据法律、法规和公司章程规定的合法程序，不得对已生效的董事会决议作任何修改。

第二十三条　董事会作出决议，应经全体董事的过半数通过。董事会决议的表决，实行一人一票。

董事会临时会议在保障董事充分表达意见的前提下，可以用传真方式作出决议，并由参会董事签字。

第二十四条　董事会决议违反法律、行政法规或者公司章程，致使公司遭受严重损失时，参与决议的董事对公司负赔偿责任。但经证明在表决时曾表明异议并记载于会议记录的，该董事可以免除责任。

第二十五条　董事会决议实施的过程中，董事长或其指定的其他董事应就决议的实施情况进行跟踪检查，在检查中发现有违反决议的事项时，可以要求和督促总经理予以纠正，总经理若不采纳意见，董事长可以提请召开董事会临时会议作出决议，要求总经理予以纠正。

第二十六条　董事会会议应当有记录，出席会议的董事、董事会秘书和记录人应当在会议记录上签名。出席会议的董事有权要求在记录上对其在会议上的发言作出说明性记载。董事会决议的书面文件作为公司档案由档案室保存。在公司存续期间，公司董事会会议记录保存期不得少于二十年。

第二十七条　董事会会议记录应至少包括以下内容：

（一）会议召开的日期、地点和召集人姓名；

（二）出席董事的姓名以及受他人委托出席董事会的董事（代理人）姓名；

（三）会议议程；

（四）董事发言要点；

（五）每一决议事项或者议案的表决方式和结果（表决结果应载明赞成、反对或者弃权的票数）；

（六）其他应当在会议记录中说明和记载的事项。

第六章　附则

第二十八条　本议事规则由公司董事会负责解释及修订，经公司董事会审定通过后实施。

第二十九条　本议事规则与公司章程的规定如发生矛盾，以公司章程为准。

第三十条　本议事规则未尽事宜，按国家有关法律、法规、公司章程及其他规范性文件的有关规定执行。

附录7 《监事会工作规则》

××公司
监事会工作规则

第一章 总则

第一条 为规范公司监事会工作，确保国有资产安全和实现保值增值，根据《中华人民共和国公司法》（以下简称《公司法》）等法律法规，以及公司章程的有关规定，特制定本规则。

第二条 监事会依法行使公司监督权，保障股东权益、公司利益和职工的合法权益。监事会应当向股东会负责，以财务监督为核心，对公司董事、经理及其高级管理人员的尽职情况进行监督，保护公司资产安全，降低公司财务和经营风险，维护公司及股东的利益。

第三条 监事应当遵守法律、法规和公司章程，忠实履行监事会和监事的职责。

第四条 监事依法行使监督权的活动受法律保护，任何单位和个人不得干涉。监事履行职责时，公司各业务部门应当予以协助，不得拒绝、推诿或阻挠，监事履行职责所需的合理费用应由公司承担。

第二章 监事会的性质和职权

第五条 监事会是公司依法设立的监督机构，对股东负责，并报告工作。

第六条 监事会行使下列职权：

（一）检查公司财务；

（二）对董事、高级管理人员执行公司职务的行为进行监督，对违反法律、行政法规、公司章程或股东会决议的董事、高级管理人员提出解任的建议；

（三）当董事、高级管理人员的行为损害公司利益时，要求董事、高级管理人员予以纠正；

（四）提议召开临时股东会会议，在董事会不履行召集和主持股东会职责时召集和主持股东会会议；

（五）向股东会会议提出提案，并报告工作；

（六）依照《公司法》第一百八十九条的规定，对董事、高级管理人员提起诉讼；

（七）法律、行政法规和公司章程规定的其他职权。

第七条　监事会发现董事、总经理、副总经理和其他高级管理人员有违法行为和重大失职行为，经全体监事一致表决同意，有权向股东会提出更换董事或向董事会提出解聘总经理、副总经理和其他高级管理人员的建议。

第八条　监事会行使职权时，可聘请会计师事务所、律师事务所等机构给予帮助，由此发生的费用由公司承担。监事会有权向股东会提议使用外部审计机构。

第九条　监事会对董事、总经理、副总经理和其他高级管理人员的监督记录以及进行财务或专项检查的结果，应成为绩效评价的重要依据。

第十条　监事会在向董事会、股东会反映情况的同时，可向上级机构及其他有关部门直接报告情况。

第三章　监事会的产生和监事任职资格

第十一条　监事会由三名监事组成，包括股东代表监事和不低于监事会成员总数三分之一的职工代表监事。

第十二条　监事会的人员和组成，应当保证监事会具有足够的经验、能力和专业背景，独立有效地行使对董事、经理履行职务的监督以及对公司财务的监督、检查职责。监事应具有法律、财务、会计等方面的专业知识或工作经验，具有与股东、董事、监事、高级管理人员、职工和其他相关利益者进行交流的能力。

第十三条　监事会中的股东代表监事由股东提名委派，更换时亦同。

监事会中的职工代表监事由公司职工大会民主选举产生，更换时亦同。

第十四条　监事会设主席一人，由全体监事过半数选举产生，更换时亦同。

第十五条　监事任期每届三年。任期届满，可以连任连选。监事任期届满前，股东会不得无故解除其职务。

第十六条　监事一般应具备下列条件：

（一）能够维护股东权益和公司利益；

（二）坚持原则，廉洁奉公，办事公平；

（三）具有与担任监事相适应的工作阅历和经验。

第十七条　有下列情形之一的，不得担任监事：

（一）无民事行为能力或限制民事行为能力；

（二）因贪污、贿赂、侵占财产、挪用财产或破坏社会主义市场经济秩序，被判处刑罚，或因犯罪被剥夺政治权利，执行期满未逾五年，被宣告缓刑的，自缓刑考验期满之日起未逾二年；

（三）担任破产清算的公司、企业的董事或厂长、经理，对该公司、企业破产负有个人责任的，自该公司、企业破产清算完结之日起未逾三年；

（四）担任因违法被吊销营业执照、责令关闭的公司、企业的法定代表人，并负有个人责任的，自该公司、企业被吊销营业执照、责令关闭之日起未逾三年；

（五）个人因所负数额较大债务到期未清偿被人民法院列为失信被执行人。

第十八条　公司董事、总经理、副总经理、财务总监等高级管理人员不得兼任本公司监事。

第十九条　违反上述第十三条规定委派、选举的监事，该委派、选举无效。

第二十条　监事可在任期届满前提出辞职，并提前向监事会提交书面辞职报告。监事会将监事辞职报告提请股东会决定或职工大会决定，并经法定程序批准后方能生效。

第二十一条　监事会可要求公司董事及其他高级管理人员、内部审计人员及外部审计人员列席监事会会议，解答所关注的问题。

第四章　监事和监事会主席的职权

第二十二条　监事享有以下权利：

（一）核查公司业务和财务状况，查阅簿册和文件，有权要求董事及公司高级管理人员或其他有关人员提供有关情况报告；

（二）对董事会于每个会计年度所出具的各种会计表册进行检查审核，将其意见制成报告书，经监事会表决通过后向股东报告；

（三）出席监事会会议，并行使表决权；

（四）在有正当理由和目的的情况下，建议监事会召开临时会议；

（五）列席公司董事会会议；

（六）根据公司章程规定和监事会委托，行使其他监督权。

第二十三条　监事应履行以下义务：

（一）遵守公司章程，忠实履行监督职责，执行监事会决议，维护股东、职工权益和公司利益；

（二）不得利用职权谋取私利，不得收受贿赂和其他非法收入，不得侵占公司财产；

（三）保守公司机密，除依照法律规定或经股东会同意，不得泄露公司秘密。

第二十四条　监事不履行监督义务，致使公司利益和股东权益遭受重大损害的，应视其过错程度，追究其责任。

第二十五条　监事履行公司职务时，违反法律、法规或公司章程规定，给公司造成损害的，应承担赔偿责任。

第二十六条　监事会主席行使下列职权：

（一）召集和主持监事会会议；

（二）检查监事会决议的执行情况；

（三）代表监事会向股东报告工作。

第二十七条　当董事或总经理与公司发生诉讼时，由监事会代表公司与董事或总经理进行诉讼。

第五章　监事会监督方法和程序

第二十八条　监事会会议分为定期会议和临时会议，定期会议每年至少召开一次。

监事提议召开临时会议的，由监事会主席确定。但经三分之一以上的监事附议赞同的，监事会临时会议必须召开。

第二十九条　监事会定期会议应当于召开前，将会议日期、地点、内容及表决事项等以书面形式通知所有监事会成员。监事会临时会议，可随时通过口头或者电话等方式发出会议通知，但召集人应当在会议上作出说明。

监事应当出席监事会会议。因故缺席的监事，可事先提交书面意见或书面表决，也可书面委托其他监事代为表决，委托书应载明授权范围。

缺席监事不得对决议提出异议。

第三十条　监事会会议应当由三分之二以上的监事出席方可举行。监事会作出决议，应当经全体监事二分之一以上表决通过，方为有效。

监事会认为有必要时，可邀请董事、总经理或其他高级管理人员列席会议。

第三十一条　监事会会议的表决，应采用一人一票的表决方式，监事必须在赞成、反对或弃权中选一项投票。

第三十二条　监事会应将会议决议事项作成记录，出席会议的监事和记录员应在会议记录上签名。

监事有权要求在会议记录上对其在会议上的发言作出某些说明性记载。

监事对监事会决议承担责任。监事会决议如违反法律、法规或公司章程，致使公司遭受损失的，参与决议的监事对公司负赔偿责任。但经证明在表决时曾表示异议并记载于会议记录的，该监事可免除责任。

第三十三条　监事会决议由监事执行或监事会监督执行。对监督事项的实质性决议，由监事负责执行；对监督事项的建议性决议，监事应监督其执行。

第三十四条　建立监事会决议执行记录制度。监事会的每一项决议，均应指定监事负责执行或监督执行。被指定的监事应将决议情况记录在案，并将执行结果报告监事会。

第三十五条　监事会不得干涉和参与公司日常经营管理和人事任免工作。

第六章　附则

第三十六条　公司应当为监事提供必要的办公条件和业务活动经费，按照公司章程规定和财务的有关规定列支。

第三十七条　本规则未尽事宜，依照法律、法规和公司章程的规定执行。

第三十八条　本规则由公司监事会负责解释。

第三十九条　本规则自发布之日起执行。

附录8 《总经理办公会议事规则》

××公司
总经理办公会议事规则

第一章 总则

第一条 为完善××公司法人治理结构的制度安排，强化管理，提高效能，促进经营层工作规范化、制度化，构建决策高效、执行有力、落实到位的工作机制，保证总经理依法行使职权，根据《中华人民共和国公司法》（以下简称《公司法》）、公司章程，结合××公司实际，特制定本规则。

第二条 总经理办公会是××公司经营层贯彻落实党的路线方针政策，执行董事会决策，研究、决定公司章程规定的经营管理职责或者董事会授权的公司经营管理、改革发展等工作的重要形式。

第三条 本议事规则适用于××公司。××公司履行实际管理权限的全资、控股、参股子公司（以下统称所属企业）可参照执行。

第二章 总经理办公会议事范围

第四条 总经理办公会议事范围包括但不限于：

（一）传达学习、贯彻落实党的重要文件、会议、讲话精神，组织实施董事会决议和股东会决议及相关上级主管部门的相关决定和指示；

（二）研究、拟订本公司战略规划、年度经营计划、投资方案和对外融资方案，根据董事会决议组织实施；

（三）研究、拟订本公司年度财务预决算方案、利润分配方案、弥补亏损方案，按程序报批后实施；

（四）研究、拟订本公司发行公司债券、增加或者减少注册资本以及公司合并、分立、解散或者变更公司形式的方案，按程序报批后实施；

（五）研究、审议本公司重大项目投资或者对外提供担保方案事项，按程序报批后实施；

（六）研究、审议本公司重要对外经济合同；

（七）研究、审议本公司大额资金款项支出，用途包括但不限于资产购置、费用开支、购买服务等；

（八）审议、拟订本公司内部管理机构设置方案；

（九）审议、拟订本公司基本管理制度，报董事会批准后执行；研究、批准本公司具体规章制度；

（十）审议、拟订本公司副总经理、其他副总经理级别管理人员、财务负责人的聘任或解聘方案；研究、批准除应由董事会决定聘任或者解聘以外的本公司员工的聘用、任免、调动、薪酬、福利、培训、考核、奖惩、辞退等方案；

（十一）研究、审议所属企业的战略规划、年度经营计划、财务预决算方案、利润分配方案、弥补亏损方案、发行公司债券、重大筹融资方案、重大项目投资、对外提供担保等事项，指导、支持所属企业，按照股东会及董事会决议实施；

（十二）研究、提出本公司向所属企业外派或更换非由职工代表出任的董事、监事人选方案；研究、提出所属企业总经理、副总经理、其他副总经理级别管理人员、财务总监的推荐人选方案；

（十三）听取本公司各部门工作情况汇报和请示的重要事项，通报本公司最新工作情况，检查重要工作任务执行情况，定期或不定期安排部署工作任务；

（十四）研究、批准董事会授权处理的事项及其他需要总经理办公会研究的重要工作。

第五条　应在总经理办公会讨论审议范围内的公司经营管理方面的问题，都需在总经理办公会议讨论审议后开展进行。

第三章　总经理办公会与会人员

第六条　总经理办公会议由总经理召集并主持，总经理因故不能出席而又必须召开总经理办公会时，可委托副总经理召集并主持。

第七条　总经理办公会的出席人员包括总经理、副总经理及副总经理级别的其他管理人员。

第八条　列席人员：董事长可根据工作安排，自行决定其是否列席；总经理可根据会议需要，指定党群组织相关负责人、综合管理部门负责人或者其他相关部门负责人列席会议；会议记录人员；其他由会议主持人根据需要确定的人员。

第九条　总经理办公会原则上每月召开一次，遇特殊情况时，总经理可临时召集办公会议或者委托副总经理临时召集办公会议。

第十条　与会人员因故不能出席会议时，会前应向总经理请假，对会议议题有意见或者建议应同时提出。

第四章　总经理办公会议事程序

第十一条　总经理办公会研究审议"三重一大"事项，事先应与公司党组织充分沟通，听取其意见和建议；总经理办公会决议执行阶段，经营层要定期、不定期向公司董事会、监事会通报工作进展，主动接受监督。

总经理办公会在研究决定涉及职工切身利益的重大问题时，应当事先听取工会和职工的意见；法律法规规定应当提交职工代表大会或者职工大会讨论、通过的事项，应当依法办理。

根据公司章程，需上报董事会、股东会审批或者授权决定的事项，应及时上报。

第十二条　总经理办公会的组织工作由综合管理部门负责，提交总经理办公会讨论的议题由综合管理部门负责汇总后送总经理确定。总经理决定召开总经理办公会后，由综合管理部门负责及时通知参会人员，包括时间、地点和议题等。

第十三条　提交总经理办公会讨论的议题，应该先由议题牵头部门报经分管副总经理初审同意后，由综合管理部门汇总并报总经理决定是否列入总经理办公会议程。部门提交的会议议题应提前五个工作日交到综合管理部门，由综合管理部门将议题交与会人员。

第十四条　每项议题由分管领导或者相关部门负责人做主题发言，要阐明议题的主要内容和主导意见。会议主持人应充分调动与会人员的积极性，使各参会人员充分表达对所讨论议题的意见。参会人员应以认真、负责的态度参与议题讨论。

第十五条　总经理办公会应有过半数以上应出席人员参会方可举行。

总经理办公会实行总经理负责制。总经理应充分听取与会人员意见，由总经理综合多数意见形成决策。会议讨论研究事项如意见不能统一时，非紧急问题可缓议，待进一步调查研究、交换意见后再议。如涉及上级安排的紧急事项或涉及安全、维稳等重大突发性事件，可由总经理在充分听取参会人员意见的基础上直接决定。

第十六条　列席人员有发言权，但无表决权。

第十七条　总经理办公会研究讨论的问题和决定的事项，未经会议批准传达或者公布的，与会人员不得向外泄露。

第五章　总经理办公会议定事项的执行

第十八条　总经理办公会内容应以记实形式由综合管理部门专人负责会议记录。会议记录应载明以下事项：

（一）会议名称、次数、时间、地点；

（二）主持人、出席人员、列席人员、记录人员姓名；

（三）所讨论议题、讨论情况及会议决定；

（四）出席人员要求记载的其他事项。

第十九条　会议记录、录音及会议相关材料由综合管理部门负责保管和存档备查。

第二十条　总经理办公会结束后，由综合管理部门整理纪要，按照公司公文管理流程呈报总经理审定签发，并通报相关部门和人员。

第二十一条　总经理办公会形成的决定事项，由分管领导按职责分工负责组织实施，及时将推进情况报总经理，并在规定的时间内办结。涉及重要的决定事项和工作安排，纳入公司督查督办事项进行考核管理。

第六章　附则

第二十二条　本议事规则由综合管理部负责解释，经×××公司董事会审定通过后实施。

第二十三条　本议事规则未尽事宜，依照国家有关法律、法规、公司章程及其他规范性文件的有关规定执行。

附录9 《公司办公会议事规则》

××公司
办公会议事规则

第一章　总则

第一条　为规范完善××公司（以下简称××公司）会议议事程序，提高会议效率，结合公司办公会议的特定作用和公司实际情况，制定本规则。

第二条　公司办公会议是贯彻落实董事会、总经理办公会相关决议，审议公司日常经营、管理及业务工作相关事项，安排部署具体工作的重要会议形式。

第二章　公司办公会议事范围

第三条　公司办公会议事范围：

（一）传达公司董事会、总经理办公会相关决议并组织实施；

（二）听取各部门工作情况汇报，通报公司近期主要工作开展情况、队伍管理及组织建设情况，研究部署下一步工作任务；

（三）初步审议相关工作和管理制度；

（四）审议部门月度资金计划；

（五）审议公司单项增减费用超过一万元的事项；

（六）公司领导认为需要提交会议研究的其他事项。

第三章　公司办公会与会人员

第四条　公司办公会会议由总经理批准召集并主持，总经理因故不能出席而又必须召开时，可委托副总经理召集和主持。

第五条　公司办公会的出席人员包括：总经理、副总经理及副总经理级别的其他管理人员、各部门经理。

第六条　列席人员：公司秘书；议题涉及需汇报情况的人员；会议记录人员；其他由会议主持人根据需要确定的人员。

第七条　公司办公会原则上每周召开一次，如遇特殊情况时，总经理可临时召集办公会议或者委托副总经理临时召集办公会议。

第八条　与会成员因故不能出席会议时，会前应向总经理请假，对会议议题有意见或者建议的应同时提出。

第四章　公司办公会议事程序

第九条　公司办公会由综合管理部门负责组织，上会议题由总经理确定，议题由公司副总经理或各部门经理提出。

第十条　各部门应在每周三中午前将上会议题报请分管副总经理审核签署是否申请上会的意见，并将审签后的议题的纸质文档和电子文档报综合管理部门汇总。综合管理部门周四上午汇总议题后呈报分管综合管理部门的副总经理复核，周四下午下班前送总经理审定。

第十一条　总经理审定议题并决定会议召开时间后，由综合管理部门负责会议通知及会务工作，并提前将总经理审定的议题及议程送达与会人员。

第十二条　公司办公会议事时，每项议题由负责部门经理或业务经办人员做主题发言，要阐明议题的主要内容和主导意见。会议主持人应充分调动与会人员的积极性，使各与会人员充分表达对所讨论议题的意见。与会人员应以认真、负责的态度参与议题讨论。

第十三条　公司办公会实行总经理负责制。总经理应充分听取与会人员意见，由总经理综合多数意见形成决策。会议讨论研究事项如意见不能统一时，非紧急问题可缓议，待进一步调查研究、交换意见后再议。如涉及上级安排的紧急事项或涉及安全、维稳等重大突发性事件，总经理可在充分听取与会人员意见的基础上直接决定。

第十四条　列席人员有发言权，但无表决权。

第十五条　公司办公会研究讨论的问题和决定的事项，未经会议批准传达或者公布的，与会人员不得向外泄露。

第五章　公司办公会议定事项的实施和监督

第十六条　公司办公会由综合管理部门专人负责会议记录。会议记录应载明以下内容：

（一）会议名称、时间、地点；

（二）主持人、出席人员、列席人员、记录人员姓名；

（三）所讨论议题、讨论情况及会议决定；

（四）需要记载的其他事项。

第十七条　会议记录、录音及会议相关材料由公司综合管理部负责保管和存档备查。

第十八条　公司办公会结束后，由综合管理部门整理纪要，按照公司公文管理流程呈报总经理审定签发，并通报相关部门和人员。

第十九条　公司办公会议定事项和做出的工作安排部署，按照会议决定和职责分工由分管副总经理、责任部门及责任人贯彻落实，并及时将推进情况报总经理，在规定的时间内办结。涉及重要的决定事项和工作安排，纳入公司督查督办事项进行考核管理。

第六章　附则

第二十条　本规则由公司综合管理部负责解释及修订，经公司总经理办公会审定通过后实施。

第二十一条　本规则未尽事宜，依照公司会议管理的相关制度执行。

附录 10 《"三重一大"事项决策制度实施办法》

××公司
"三重一大"事项决策制度实施办法

第一章 总则

第一条 为贯彻落实中央和省市有关文件要求,进一步健全和完善公司重大决策事项、重要人事任免、重大项目安排和大额度资金使用(以下简称"三重一大")决策制度,规范决策行为,严格决策程序,防范决策风险,提高决策水平,根据相关法律、法规、章程及制度规定,结合本公司实际,制定本办法。

第二条 "三重一大"决策做到:

(一)坚持依法依规决策。遵循国家法律法规、党内规章制度以及公司相关规定,保证决策内容和程序合规合法。

(二)坚持科学决策。做好决策前的调研、论证、评估和决策后评估工作,防控决策风险,避免决策失误。

(三)坚持民主决策。凡属公司"三重一大"事项,按照管理权限由公司董事会、总经理办公会集体讨论,集体决定。涉及员工切身利益的重大事项,听取员工的意见及建议。

(四)坚持规范决策。领导班子及成员要按照议事规则和各自职责、权限进行决策。

第二章 决策范围

第三条 重大决策事项主要包括:

(一)贯彻执行党和国家路线、方针、政策和上级重要决策、重要工作部署、重要指示的意见和措施；

（二）公司及权属公司发展方向、发展战略、经营方针、中长期规划、主业调整等重大战略决策事项；

（三）公司改制重组、兼并、破产、合并、分立、解散、资本运作或变更公司登记等企业重大结构调整事项；

（四）资产损失核销、重大资产处置、国有产权和股权变动、增加和减少注册资本等重大资产（产权）管理事项；上市、发行债券、对外担保、融资（抵押）贷款、出借（调度）大额资金、国有产权转让、对外投（融）资等企业运营管理事项；

（五）参股、控股、重大收购等对外投资活动；

（六）子、分公司的设立、撤销、合并，相关业务部门的设立、撤销及部门职能的调整；

（七）财务预算决算（调整）、利润分配和弥补亏损方案；

（八）内部机构和岗位设置调整、企业薪酬制定和调整、年度工资水平增长及工资总额预算；

（九）公司绩效考核、福利待遇、招工减员等涉及员工切身利益的重要事项；

（十）重要表彰、奖励方案，重大责任事故、突发性事件的处理；

（十一）年度党建和稳定等重要工作安排，党风廉政、企业文化、领导班子建设及维护稳定等工作的重要制度、意见、办法、方案；

（十二）其他有关公司全局性、方向性、战略性的重大事项以及公司领导班子认为应该集体决策的重要事项；

第四条　重要人事任免，指公司后备干部的推荐、管理，直接管理的中层人员的聘任（解聘）以及委派人员的推荐等。

（一）公司向上级组织推荐的后备干部人选，公司后备干部的确定与管理；

（二）全资子公司董事长、董事、监事会主席、监事及委派推荐到控股、参股公司董事会、监事会、经理层成员的人选确定；

（三）公司高级管理人员、中层管理人员的聘任、解聘、调整等；

（四）公司领导班子认为应该集体决策的其他重要人事任免事项；

第五条 重大项目安排事项，主要指对公司资产规模、资本结构、盈利能力等产生重要影响的项目设立和安排，主要包括：

（一）企业参与的列入省、区、市重点的建设项目；

（二）年度投资、融资计划、发行债券等金融业务及其衍生产品；

（三）公司贷款、借款、融资等重大合同（工程经济类合同除外）签订、对外抵押、担保；

（四）年度大宗物资集中招标采购；

（五）公司领导班子认为应该集体决策的其他重要项目安排；

第六条 大额度资金使用主要包括：

（一）月度、年度资金预算计划；

（二）预算外非经营性支出（包括对外投资和资金外借等）；

（三）公司领导班子认为应该集体决策的其他大额度资金使用。

第三章　决策形式和程序

第七条 董事会、总经理办公会依据职责、权限、议事规则和相关规定，对"三重一大"事项进行集体决策。对重要人事任免，应当事先征求相关纪检监察机构的意见，并将拟任免对象征信情况作为重要参考。对研究决定企业改制以及经营管理方面的重大问题、涉及员工切身利益的重大事项、制订重要的规章制度，应当事先听取工会、职工代表意见。

第八条 "三重一大"事项提交会议集体决策前，应当认真组织调查研究，经过必要的论证程序，充分吸收各方面意见。对有关重大事项，应当事先进行合法性审查，包括可行性研究论证、尽职调查和风险评估。对存在决策风险的，还应当事先听取有关专家意见。

第九条 涉及"三重一大"事项的部门，按照本办法和公司相关制度的规定，拟订上会议题，准备上会材料，主要包括：

（一）送审事项方案或文稿草案；

（二）企业内部规范性、制度性文件草案等应提供起草说明（包括制定目的、必要性、法律政策依据、主要内容等）；

（三）企业重大事项（重要人事任免事项除外）合法性审查资料，主要包括由法律顾问或律师出具的书面正式法律意见书等，法律意见书作为决策的必需要件；

（四）重大决策、重大项目安排和大额度资金运作须具备书面可行性研究报告、尽职调查报告、风险评价报告等，必要时还须出具专家决策咨询意见或听证材料；

（五）行业部门指导意见（包括相关单位的书面反馈意见、采纳与不采纳的理由、重大分歧与协调情况等）；

（六）必要时提供相关统计数据、分析报告；

（七）依法合规决策所需的其他要件。

第十条　上会议题及相关材料根据会议内容相应报送董事会办公室、公司综合管理部汇总，会前五个工作日印发，报送参会人员。涉及秘密的，另行办理。

第十一条　议题自被确认之日起，原则上十五个工作日内上会决策；较为紧急的事项原则上在五个工作日内上会决策；特别紧急和突发情况可召开临时会议，需要补充材料的，原则上在五个工作日内由相关部门补齐备案。

第十二条　应由董事会、总经理办公会决定的"三重一大"事项，不能以班子部分成员会前酝酿、传阅会签、碰头会等形成代表会议的决定。对涉及安全、抢险、救灾等紧急情况下由个人或少数人临时决定的，应在事后及时报告。临时决定人对决策意见负责，董事会、总经理办公会应当在事后按相关程序予以追认。

第十三条　会议决定多个事项的，应逐项进行表决。讨论议题时，履行回避制度。对尚未正式公布的会议决策和需保密的会议内容，与会人员应保密。

第十四条　会议研究"三重一大"事项时，存在严重分歧或争议的，对非紧急事项，应当推迟决定。对紧急事项，主持会议的董事长、总经理有权作出应急决定，并报主管部门备案。

第十五条　参与决策的个人对集体决策持不同意见的，可以保留意见，向主管部门反映或按组织程序向上级党组织反映，但在没有作出新的决策之前，不得擅自变更或拒绝执行。

第十六条　"三重一大"事项决策的情况，包括决策参与人、决策事项、决策过程、决策结论等，要以会议通知、议程、记录、纪要、决定、备忘录等形式留下文字性资料，按照有关规定存档备查。

第十七条　按照《中华人民共和国公司法》（以下简称《公司法》）的规定和公司章程的约定，对"三重一大"事项需由股东会决策的，经董事会研究后，提交股东会决策。"三重一大"决策内容按照相关文件规定需向上级主管部门履行报批、报备、报告手续的，按照规定办理。

第四章　决策执行和调整

第十八条　"三重一大"事项决策作出后，个人不得擅自变更或拒绝执行。公司各部门按职责全力配合，支持"三重一大"实施部门做好相关工作。

第十九条　决策机构在作出决策的同时，应当按照领导班子分工确定牵头领导和实施部门。牵头领导和实施部门应制定具体方案，并定期报告进展情况和执行中的主要问题。

第二十条　董事会办公室及公司综合管理部按职责对"三重一大"决策事项的执行情况进行督办，定期将进展落实情况报告相关领导。

第二十一条　决策项目完成后，由项目牵头领导和实施部门组织评估，结果报公司总经理。根据决策事项情况同时报董事会备案。

第二十二条　"三重一大"决策事项在执行过程中发现决策的依据和执行的条件发生重大变化时，为避免给个人、公司和社会利益带来重大损失，牵头领导和执行部门应当及时汇报并建议调整。调整程序适用决策程序。

第五章 监督检查

第二十三条 公司党组织主要负责人是落实"三重一大"决策制度的第一责任人，董事长、总经理对业务决策负直接责任。要通过梳理规章制度，建立健全"三重一大"决策流程，开展风险评估，制定相关控制措施，促进集体决策的全面受控和有效执行。

第二十四条 根据《公司法》及相关规定，监事会对"三重一大"决策程序及执行情况进行监督，将其作为日常工作督查的重要内容。

第二十五条 充分发挥同级和基层监督的作用。

（一）公司领导班子成员要经常沟通，相互提醒，做到既相互支持，又相互制约，对违反"三重一大"决策制度的行为，有责任予以劝阻，劝阻无效时须向上级报告；

（二）公司领导班子每年对集体决策制度执行情况进行一次检查，除依法依制保密事项，把落实情况作为班子民主生活会、学习会和班子成员述职述廉会通报的内容，接受监督；

（三）"三重一大"相关决策事项按规定应当公开的，要按照相关的公开要求，通过公司企业微信办公平台、公告栏等各种方式予以公示，自觉接受职工群众监督；

（四）相关部门和人员发现未经领导班子集体决策就实施的"三重一大"事项，应及时向上级党委和纪检监察部门报告。

第六章 责任追究

第二十六条 出席会议并参与决策的人员应当对会议的决策承担责任。对"三重一大"决策失误责任人，按照权力和责任相统一的原则究责。参与决策的人员在表决时明确表示异议，并在会议记录中有记载的，可免除相应责任。

第二十七条 凡属下列情况之一，给国家、公司及员工利益造成重大损失或严重不良影响的，应当追究责任：

（一）不履行或不正确履行"三重一大"集体决策程序，不执行或擅自改变集体决定的；

（二）提供虚假信息影响决策的；

（三）化整为零使用大额资金或拆解资金额度，规避集体决策；

（四）因特殊原因，未经集体讨论决定就由个人决策、事后又不报告的；

（五）未按规定执行回避制度或报批制度的；

（六）执行决策后发现可能造成损失或影响，能够挽回损失或影响而不采取积极措施的；

（七）保密期间泄露集体决策内容或导致涉密材料外泄的；

（八）会议记录严重不规范和篡改会议记录的；

（九）其他违反本办法造成重大损失或严重不良影响的。

第二十八条 对造成重大损失和严重不良影响的责任人，根据事实、性质、情节等，明确集体责任、个人责任及直接领导责任、主要领导责任，依据《中国共产党纪律处分条例》《国有企业领导人员廉洁从业若干规定》等有关规定进行责任追究。按管理权限由相应决策机构提出处理意见，按程序经批准后实施责任追究。对违反规定获取不正当经济利益的应当责令清退，给企业造成经济损失的应当承担经济赔偿责任；涉嫌违法犯罪的依法移送司法机关处理。

第二十九条 法律、法规已有处罚规定的，从其规定。

第七章 附则

第三十条 本办法适用于××公司。

第三十一条 本办法自下发之日起执行。

附录11 《企业负责人履职待遇、业务支出管理细则》

××公司
企业负责人履职待遇、业务支出管理细则

第一条 为贯彻落实党的十八届三中、四中、五中全会精神，合理确定并严格规范××公司（以下简称公司）企业负责人履职待遇和业务支出，根据中央八项规定精神，结合公司实际，特制定本细则。

第二条 适用范围

本细则适用于公司副总经理以上级别人员，含副总经理及其相当级别人员（以下简称企业负责人）。

第三条 基本原则

企业负责人履职待遇及业务支出，应遵循以下基本原则：

（一）依法依规原则。严格遵守国家法律法规、中央八项规定等相关规定，立足公司实际，坚决杜绝企业承担个人消费支出的行为。

（二）廉洁节俭原则。严格执行相关标准，反对讲排场、比阔气，反对铺张浪费，坚决抵制享乐主义和奢靡之风。

（三）规范透明原则。通过完善制度、预算管理、加强监督，建立健全严格规范、公开透明的公司负责人履职待遇、业务支出管理制度体系。

1.完善制度体系。本管理细则与公司《车辆管理办法》《业务招待管理办法》《差旅费管理办法》《通讯费管理规定》等，共同构成公司企业负责人履职待遇和业务支出的基本管理制度。

2.纳入预算管理。公司财务管理部应按年度、项目、人员情况，编制与当年生产经营实际需要相匹配的企业负责人履职待遇、业务支出预算。不得超预算执行。

3.严肃财经纪律。除按规定提供的企业负责人履职待遇和业务支出，严禁违反财经纪律，用公款支付企业负责人个人支出；严禁在企业负责人退休或调离本企业后，继续为其提供履职待遇、业务支出。公司纪检监察室和财务管理部应加强预算执行的监督，并定期报告或在规定范围内公开。

（四）分级管理原则。公司根据实际情况，确定合理的企业负责人履职待遇和业务支出标准，分级实施管理。

第四条 履职待遇

（一）公务用车

1.在公务用车改革正式实施前，公司暂时维持现有管理模式，但不再新配或更新公务用车，确因特殊需要新配或更新的，董事长、总经理公务用车需报公司股东会批准，副总及相当于副总级别的高级管理人员公务用车需报公司董事会批准。

2.公务用车配备（包括购置、租赁）的标准为排气量2.0升（含）以下、购车价格（不含车辆购置税）在26万元以内。

3.公务用车实行定点保养和维修，对保养、维修及日常使用所产生的保险费、车检费、车船使用税、燃油费、停车及过路费等运行费用实行单车核算，在预算范围内据实报销。保养和维修费用不得以货币化方式发放给个人。

4.公司不得以任何方式换用、借用、占用其他利益关系的单位和个人的车辆，不得将本企业车辆长期转借他人使用，不得为他人承担车辆使用费。

（二）办公用房

1.公司董事长、总经理办公用房（含单独使用的休息室、卫生间，下同）不得超过30平方米，副总经理及其他相当于副总经理级别的高级管理人员的办公用房不得超过28平方米。

2.公司负责人原则上只能配置使用一处办公用房，确因履职工作需要另行配置办公用房的，董事长、总经理办公用房需报公司股东会批准，副总及相当于副总级别的高级管理人员办公用房需报公司董事会批准。

3.未达到上述上限标准的办公用房，原则上不得进行改（扩）建；超过上述上限标准的办公用房，应予以调整。因使用时间较长、设施设备老化、功能不全而不能满足办公需求的，可以进行维修、改造，但应严格履行上条所规定的审批程序。

4.严禁超标准新建办公用房，严禁豪华装饰办公用房，不得长期租用宾馆、酒店房间作为办公用房。

（三）教育培训

1.公司负责人的教育培训包括政治和专业素质培训、创新和经营管理能力培训两类。其中，由公司股东安排并指定参与人员的政治和专业素质培训，被指定人员原则上必须无条件参加。确因工作原因不能参加者，需严格履行相关请假审批程序。

2.公司负责人的教育培训实行计划管理。组织管理部门应于每年年初制订公司负责人全年培训计划并报公司董事会审定，原则上企业负责人不得参加计划外的培训，确因生产经营和业务拓展需要参加相关的专业素质、经营管理能力培训的，需报公司董事会审批。

3.企业负责人参加培训后，应根据学习情况，视培训内容在董事会、总经理办公会、公司办公会或职工培训课上分享培训成果，组织管理部门应对培训效果进行评估。

4.不得在培训费用中列支业务招待费、会议费等与培训无关的费用；不得在培训费用中列支应由个人负担的培训费用；不得以培训名义进行公款宴请、公款旅游等；不得参加高收费的培训项目；不得参加名为学习提高，实为交友联谊的培训项目。经组织批准后，公司负责人个人参加其他高收费社会化培训的，费用由个人承担。公司负责人参加各种学历教育以及为取得学位而参加在职教育的费用必须由个人承担。

第五条　业务支出

公司负责人因企业生产经营需要所发生的接待客户、合资合作方等活动和费用的管理，严格按公司《业务招待管理办法》执行。

（一）业务招待

1.业务招待活动包括商务宴请和外事活动、公务招待活动。商务宴请和外事活动，省内接待标准原则上不超过450元/人（含酒水、饮料，下同），在北京市、上海市、广州市、深圳市等发达地区的接待标准可适当上浮，但不得超过600元/人，陪餐人员和数量根据活动需要确定。公务招待活动，接待对象应当按规定标准自行用餐并支付费用。确因工作需要，公司可安排工作餐一次，并严格控制陪餐人数。接待对象在十人以内的，陪餐人数不得超过三人；超过十人的，不得超过接待对象人数的三分之一。接待住宿应当严格执行差旅、会议管理有关规定。

2.商务宴请和外事活动，可以赠送纪念品，但纪念品应当以宣传公司、展示公司企业文化为主要内容，不得赠送现金、有价证券、支付凭证、商业预付卡以及贵重金属和其他贵重物品。公务招待不得赠送纪念品。

3.业务招待实行事前审批制度。凡开展业务招待活动，均应事前提交申请，包括业务招待类型、接待日期、接待对象单位、来宾人数、陪餐人数及负责人、经费预算等。如在外地招待，可先打电话向具有审批权限的公司负责人申请同意后执行，但事后必须补充完善相关审批手续。

4.接待合作洽谈方、经贸交流团（组）等比较重大的商务宴请和外事活动，由董事长审批；接待境内外客户的一般商务宴请和外事活动、公务招待活动由总经理审批。

5.凡私人会所、高档餐饮、娱乐休闲、保健等经营场所的招待费用一律不予报销。单独购买酒水等业务招待支出的费用一律不予报销（与餐费相配套使用核算的除外）。凡手续不完善的招待费用一律不予报销。

（二）国内差旅和因公临时出国（境）

公司负责人国内差旅和因公临时出国（境）活动，严格按公司《差旅费管理办法》执行。

1. 公司负责人国内出差和因公临时出国（境）活动，可乘坐飞机（经济舱）、轮船（不包括旅游船）二等舱、火车软席（软座、软卧）、高铁/动车二等座及其他交通工具（不包括出租小汽车），凭票据实报销。

2. 公司负责人国内出差和因公临时出国（境）的住宿费，按公司《差旅费管理办法》规定的标准限额内凭住宿费发票据实报销，超支部分个人自理。无住宿费发票的，不得报销住宿费。

3. 公司对国内出差和因公临时出国（境）实行伙费补助，具体标准按公司《差旅费管理办法》执行。

4. 国内出差和因公临时出国（境）发生的公杂费，按公司《差旅费管理办法》执行。

5. 公司负责人国内差旅和因公临时出国（境）严格实行审批制，董事长向公司股东会报告，总经理由董事长审批，副总经理及相当于副总经理级别的高级管理人员由总经理审批。

（三）通信费用

1. 公司负责人因公务活动所发生的移动通信费及住宅固定电话费用的管理，严格按照公司《通讯费管理规定》执行。

2. 公司董事长、总经理通信费用年度预算额度为6000元/年，副总经理及同级别高级管理人员为5000元/年。

3. 确因拓展业务需要或者特殊时段发生的超出个人年度预算额度的部分，在履行企业内部审核程序后，可据实报销.

第六条　监督管理

（一）公司董事长为××公司负责人履职待遇、业务支出管理工作的第一责任人，分管负责人及财务管理等相关职能部门负分管及具体管理责任。

（二）公司负责人应将个人履职待遇和业务支出年度预算及执行情况等，作为民主生活会、年度述职述廉的重要内容，接受监督和民主评议。

（三）公司负责人履职待遇和业务支出管理制度、年度预算及执行情况，要以向职工代表大会或职工大会报告等形式定期公开，接受职工监督。

（四）公司纪检监察、组织人事、财务等机构要切实履行职责，完善内部控制体系，对审批、台账核算、据实报销等关键环节严格管理，加强对公司负责人履职待遇、业务支出的监督管理。

（五）违反本管理细则的公司负责人，视情节轻重，按照管理权限分别给予警示谈话、调离岗位、降职、免职处理，并相应扣减年度绩效薪酬。应当追究纪律责任的，依照有关规定给予相应的处分。对其中的中共党员，给予相应的纪律处分。对涉嫌犯罪的，依法移送司法机关处理。

（六）公司负责人违反本管理细则获取的不正当经济利益，应当予以全部清退；给企业造成经济损失的，依据国家或者企业的有关规定承担经济赔偿责任。

第七条　因本市或上级单位有关文件规定调整，导致与本细则不一致的，从其规定。

第八条　本细则由公司综合管理部负责解释。

第九条　本细则自下发之日起执行。

附录12 《职工教育经费管理办法》

××公司
职工教育经费管理办法

第一章 总则

第一条 为满足公司发展对人才的需求，加快培养和造就适应公司发展需要的高素质职工队伍，充分发挥教育经费的作用，根据《关于企业职工教育经费提取与使用管理的意见》和《国务院关于大力推进职业教育改革与发展的决定》（国发〔2002〕16号）精神，结合公司实际，制定本办法。本办法适用公司劳动用工关系者。

第二条 员工参加公司组织或派送的各类培训的培训费、教师的授课费、与培训直接相关费用在教育经费中列支，培训期间差旅住宿等费用不能在教育经费中列支。

第三条 按照"统筹兼顾、突出重点、专款专用"原则使用教育培训经费。

第二章 经费来源

第四条 结合公司实际，教育培训经费按职工工资总额的2.5%内进行计提。

第三章 经费管理

第五条 职工教育经费必须专款专用，不得截留和挪用。综合管理部为职工教育经费的主管部门。

第六条 凡由公司统一列入年度培训计划的，由部门提出培训项目及经费预算。综合管理部负责收集汇总，经公司领导审议批准后，在培训费中列支。计划外培训项目，由部门向综合管理部提出书面申请，按审批权限由公司领导批准后方可开支。

第七条　经公司批准参加继续教育以及政府有关部门集中举办的专业技术岗位培训、职业技能等级培训、高技能人才培训所需经费，从教育培训经费中列支。

第八条　未经公司批准参加的各项教育培训所需费用由个人承担，不得挤占教育培训经费。员工个人参加的专业技术资格评定、职业技能鉴定、职业资格认定而产生的培训费用和考试费用由员工个人承担，公司依据准考证给予考试时间假（无考前培训假）。在参加同一类别等级考试的，最终取得合格证书后，凭证书可享受一次差旅报销，合格证涉及的相关报名考试费用公司予以报销。

第九条　公司高层管理人员的境外培训和考察，其一次性单项支出较高的费用应从其他管理费用中支出，避免挤占日常的职工教育培训经费开支。

第四章　经费使用

第十条　列支范围如下：

（一）上岗和转岗培训费用；

（二）岗位适应性培训费用；

（三）管理人员、专业技术人员继续教育与培训费用；

（四）外送培训经费支出；

（五）公司内部培训、考核及相关管理费用；

（六）技术、技能竞赛的参赛费用；

（七）开发教育培训资源及购置培训教材、题库、课件与用品用具费用或购置（租用）教学设备与设施费用；

（八）支付教师、培训师酬金；

（九）建立教育培训奖励基金；

（十）与职工教育培训有关的其他开支。

第十一条　为保障员工的学习权利和提高岗位基本技能，教育培训经费重点投向技能型人才特别是高技能人才的培养或在岗人员的技术培训和继续学习。

第十二条　公司各部门举办各类培训班，必须根据年度培训计划，经公司总经理办公会审核同意后进行。

第十三条　培训期间，出现下列情况之一者，不予报销任何费用：

（一）参加各类培训，无正当理由自动退学、停学或未完成学习任务者；

（二）参加各类培训，成绩不合格，未获得结业证（毕业证）者；

（三）参加培训认定，未取得相应资格或资格证书者。

第十四条　凡由公司安排的各类培训，报销培训费用时经办人先经该部门负责人审核后，持培训费发票及相关培训资料到综合管理部进行复核，再报公司领导审批方可报销。

第五章　经费监管

第十五条　公司员工大会、综合管理部、财务管理部等有关部门应分别履行监督公司使用职工教育培训经费的职责。

第十六条　综合管理部建立教育经费使用计划和支出明细账，并严格按计划掌握使用。

第十七条　每年综合管理部会同财务管理部在公司经理办公会汇报职工教育经费使用情况，并制订下年培训计划。

第十八条　财务管理部对教育经费计提和使用管理情况进行检查监督。

第十九条　教育培训经费的使用情况列为司务公开的内容，向员工大会报告，接受全体员工的监督。

第六章　附则

第二十条　本办法由公司综合管理部负责解释。

第二十一条　本办法自下发之日起执行。

附录 13 《差旅费管理办法》

××公司
差旅费管理办法

第一章　总则

第一条　为加强和规范公司差旅费管理，推进厉行节约、反对浪费，结合公司实际，制定本办法。

第二条　本办法适用公司因公出差人员（含各级管理人员及员工，以下简称出差人员）。

第三条　差旅费是指公司出差人员临时到常驻地以外地区公务出差所发生的城市间交通费、住宿费、伙食补助费和公杂费。

第四条　公司应当建立健全公务出差审批制度，严格履行先审批、后出差的报批程序，从严控制出差人数和天数以及乘坐的交通工具；严禁无实质内容、无明确公务目的的差旅活动，严禁以任何名义和方式变相旅游，严禁异地部门间无实质内容的学习交流和考察调研。

第五条　差旅费标准按照分级别、分项目的原则制定，并根据经济社会发展水平、市场价格及消费水平变动情况适时调整。

第六条　公司应按照实际工作需要和转变作风的要求，按照年度差旅费预算支出标准，严格控制、合理安排公务出差。

第二章　出差管理和审批

第七条　出差实行事前审批制度，通过填写出差审批单（附件1）办理，特殊情况应在出差返回后及时补办手续。

第八条　审批权限及流程：

（一）董事长、总经理出差报分管人事副总经理审批，同时向集团公司主要领导报备；

（二）副总经理及相当职务人员报总经理审批；

（三）部门负责人经分管领导同意后报总经理审批；

（四）其余人员出差经所在部门负责人同意后，报分管领导审核后报总经理审批。

第九条　审批内容包括出差事由、地点、天数、交通方式等。出差人员应严格遵守审批内容办理出差相关事项。

第十条　出差人员需要借支差旅费的，依据经核准的出差审批单确定借款金额，填写借款单，并按公司借款审批流程批准后方可执行。

第十一条　出差人员因特殊原因逾期返回公司的，应书面说明逾期原因，提供相关证明，并报原审批人同意，方可销假和报销差旅费用。

第十二条　出差人员出差审批程序完成后，应将审批单报综合管理部登记备案。

第十三条　出差人员返回后，应及时向所在部门负责人和审批人报到，并及时办理差旅销假，报销出差费用。

第三章　城市间交通费

第十四条　城市间交通费是指工作人员因公到常驻地以外地区出差乘坐飞机、轮船、火车、汽车等交通工具所发生的费用。

第十五条　出差人员应当按规定等级乘坐交通工具。乘坐交通工具的等级见下表：

乘坐交通工具等级表

交通工具级别	飞机	轮船（不包括旅游船）	火车（含高铁、动车、全列软席列车）	其他交通工具（不包括出租小汽车）
公司副总经理以上及相当职务人员	经济舱	二等舱	软席（软座、软卧），高铁/动车二等座，全列软席列车二等软座	凭据报销

续表

交通工具 级别	飞机	轮船（不包括旅游船）	火车（含高铁、动车、全列软席列车）	其他交通工具（不包括出租小汽车）
其余人员	经济舱	二等舱	硬席（硬座、硬卧），高铁/动车二等座，全列软席列车二等软座	凭据报销

其余人员出差乘坐普通列车路途超过8小时的，经总经理批准可乘坐软席。

其余人员出差若遇特殊情况乘坐飞机和软卧，经总经理审批同意后，可据实报销。

公司副总经理及相当职务人员出差，因工作需要，随行一人可乘坐同等级交通工具。

未按规定等级乘坐交通工具的，超支部分由个人自理。严格控制一般事务出差乘坐飞机；严格控制出差人数，能一人完成的出差事务工作，不派两人或多人出差。

第十六条　到出差目的地有多种交通工具可选择时，出差人员在不影响公务、确保安全的前提下，应当选乘经济便捷的交通工具，原则上不报销包车、专车费用，严格控制出租车费用。

第十七条　乘坐飞机的，民航发展基金、燃油附加费、机场建设费等可以凭据报销。

第十八条　乘坐飞机、火车、轮船、汽车等交通工具的，每人次可以购买交通意外保险一份。单位统一购买职工意外保险的，不得报销交通意外保险。

第四章　住宿费

第十九条　住宿费是指出差人员因公出差期间入住宾馆（包括酒店、招待所、旅社，下同）发生的房租费用。所有出差目的地的住宿费在标准限额内凭住宿费发票（原则上是增值税专用发票）据实报销，超支部分个人自理。无住宿费发票的，不得报销住宿费（差旅住宿费标准见附件2）。

第二十条　因办理特殊事项，住宿费超出标准报销，需出差人员出具经主管财务的副总经理和总经理联审同意的专项报告。

第五章　伙食补助费

第二十一条　伙食补助费是指对工作人员在因公出差期间给予的伙食补偿费用。

第二十二条　出差人员伙食费补助标准见下表：

出差人员伙食费补助标准

单位：元/（人·天）

地区	省内	省外
标准	100	120

出差人员伙食补助费按出差自然（日历）天数计算，按规定标准包干发放使用。

第二十三条　出差人员应自行用餐。凡由接待单位统一安排用餐的，应向接待单位交纳伙食费。

第六章　公杂费

第二十四条　公杂费是指工作人员因公出差期间发生的市内交通费、通讯费等费用。

第二十五条　公杂费按出差自然（日历）天数计算，按标准包干使用。其中：省内每人每天50元，省外每人每天80元，市内每人每天30元。

第二十六条　出差人员由接待单位或其他单位提供交通工具的，应向接待单位或其他单位交纳相关费用。

第七章　报销管理

第二十七条　综合管理部或出差人员在订购出行机票、车（船）票时，应严格按照核准的出差事务性质、出差人员的职务订购机票、车（船）票。

公司到机场或车站交通费用，副总经理以上职务（含）可派车接送，副总经理以下职务不超过三人原则上不予派车接送。

财务管理部应当严格按规定审核差旅费开支，对未经批准出差以及超范围、超标准开支的费用不予报销。

第二十八条　出差人员在出差结束后应当及时办理报销手续。差旅费报销时应当提供出差审批单、机票、车（船）票、住宿费发票等凭证；参加会议的须另附会议通知，电话通知的会议须在出差事由中注明；有借款的，应在报销时及时结清。

第二十九条　原始单据（火车票、汽车票、飞机票、手续费发票等）遗失，须书面说明情况（注明乘坐的交通工具、起讫地点、时间、票价等），如有同行人员应签字协助认定，经总经理批准后予以报销。

第三十条　交通费按乘坐交通工具的等级凭据报销，订票费、经批准发生的签转或退票费、交通意外保险费凭据报销。

伙食补助费按规定的出差目的地标准报销，在途期间的伙食补助费按当天最后到达的目的地标准报销。

公杂费按规定标准报销。自带交通工具的不报销公杂费。

第三十一条　出差人员因公外出参加会议、培训，举办单位统一安排食宿的，会议、培训期间的食宿费和公杂费由会议、培训举办单位按规定统一开支，公司不再重复报销食宿费和公杂费；往返会议、培训地点的差旅费按公司规定报销。

第三十二条　出差人员应在规定的期限内按预定路线往返。因特殊情况需绕道或延期，须事先报批，否则费用自理。

第八章　监督问责

第三十三条　公司应当加强对工作人员出差活动和经费报销的内控管理，严格执行出差审批制度、差旅费预算及规模控制；相关领导、财务人员等对差旅费报销进行审核把关，确保票据来源合法，内容真实完整、合规。对未经批准擅自出差、不按规定报销差旅费的人员进行严肃处理。

第三十四条　公司应当自觉接受审计部门对出差活动及相关经费支出的审计监督。公司纪检监察室会同有关部门对差旅费管理和使用情况进行监督检查。主要内容包括：

（一）差旅活动是否按规定履行审批手续；

（二）差旅费开支范围和标准是否符合规定；

（三）差旅费报销是否符合规定；

（四）是否向其他单位转嫁差旅费；

（五）差旅费管理和使用的其他情况。

第三十五条　出差人员不得向接待单位提出正常公务活动以外的要求，不得在出差期间接受违反规定用公款支付的宴请、游览和非工作需要的参观，不得接受礼品、礼金和土特产品等。

第三十六条　违反本办法规定，有下列行为之一的，依法依规追究相关人员的责任：

（一）差旅审批控制不严的；

（二）虚报冒领差旅费的；

（三）擅自扩大差旅费开支范围和提高开支标准的；

（四）不按规定报销差旅费的；

（五）转嫁差旅费的；

（六）其他违反本办法行为的。

有上述所列行为之一的，由公司纪检监察室会同有关部门责令改正，违规资金应予追回，并视情况予以通报。对直接责任人和相关负责人，按公司规定给予行政处分。

第九章　附则

第三十七条　本办法由公司财务管理部和纪检监察室负责解释。

第三十八条　本办法自下发之日起执行。

附件1：出差审批单

××公司出差审批单

年　　月　　日

部门		出差人员	
出差目的地		出差事由	
起止日期	年　月　日至　年　月　日。其中，会议报到、学习、培训　天，路途　天。		
出差路线			
拟乘交通工具	飞机：□经济舱　　轮船：□二等舱		
	火车	普通列车：□硬座　　　□硬卧 □软座　　　□软卧	
		高铁/动车：□二等座 全软席列车：□二等软座	
	汽车	单位是否派车：□是　　　□否	
	其他：		
部门负责人			
分管副总经理			
总经理			

附件2：差旅住宿费标准

××公司差旅住宿费标准

单位：元/（人·天）

地区（城市）		住宿费标准		旺季地区（城市）	旺季浮动标准		
					旺季	旺季上浮标准	
		总经理及以上	总经理以下			总经理及以上	总经理以下
北京	全市	650	500				
天津	6个中心城区、滨海新区、东丽区、西青区、津南区、北辰区、武清区、宝坻区、静海区、蓟州区	480	380				
	宁河区	350	320				
河北	石家庄市、张家口市、秦皇岛市、廊坊市、承德市、保定市	450	350	张家口市	7—9月、11—3月	675	525
				秦皇岛市	7—8月	680	500
				承德市	7—9月	580	580
	其他地区	450	310				
山西	太原市、大同市、晋城市	480	350				
	临汾市	480	330				
	阳泉市、长治市、晋中市	480	310				
	其他地区	400	240				

地区（城市）		住宿费标准		旺季地区（城市）	旺季浮动标准		
						旺季上浮标准	
		总经理及以上	总经理以下		旺季	总经理及以上	总经理以下
内蒙古自治区	呼和浩特市	460	350				
	其他地区	460	320	海拉尔区、满洲里市、阿尔山市	7—9月	690	480
				二连浩特市	7—9月	580	400
				额济纳旗	9—10月	690	480
辽宁	沈阳市	480	350				
	大连市	490	350	全市	7—9月	590	420
	其他地区	480	330				
吉林	长春市、吉林市、延边朝鲜族自治州、长白山保护开发区	450	350	吉林市、延边朝鲜族自治州、长白山保护开发区	7—9月	540	420
	其他地区	400	300				
黑龙江	哈尔滨市	450	350	全市	7—9月	540	420
	其他地区	450	300	牡丹江市、伊春市、大兴安岭地区、黑河市、佳木斯市	6—8月	540	360
上海	全市	600	500				

地区（城市）		住宿费标准		旺季地区（城市）	旺季浮动标准		
					旺季	旺季上浮标准	
		总经理及以上	总经理以下			总经理及以上	总经理以下
江苏	南京市、苏州市、无锡市、常州市、镇江市	490	380				
	其他地区	490	360				
浙江	杭州市	500	400				
	宁波市	450	350				
	其他地区	490	340				
安徽	全省	460	350				
福建	福州市、泉州市、平潭综合实验区	480	380				
	厦门市	500	400				
	其他地区	480	350				
江西	全省	470	350				
山东	济南市、淄博市、枣庄市、东营市、烟台市、潍坊市、济宁市、泰安市、威海市、日照市	480	380	烟台市、威海市、日照市	7—9月	570	450
	青岛市	490	380	全市	7—9月	590	
	其他地区	460	360				
河南	郑州市	480	380				
	其他地区	480	330	洛阳市	4—5月上旬	720	500

续表

地区（城市）		住宿费标准		旺季地区（城市）	旺季浮动标准		
						旺季上浮标准	
		总经理及以上	总经理以下		旺季	总经理及以上	总经理以下
湖北	武汉市	480	350				
	其他地区	480	320				
湖南	长沙市	450	350				
	其他地区	450	330				
广东	广州市、珠海市、佛山市、东莞市、中山市、江门市	550	450				
	深圳市	550	450				
	其他地区	530	420				
广西	南宁市	470	350				
	其他地区	470	330	桂林市、北海市	1—2月、7—9月	610	430
海南	海口市、三沙市、儋州市、五指山市、文昌市、琼海市、万宁市、东方市、定安县、屯昌县、澄迈县、临高县、白沙黎族自治县、昌江黎族自治县、乐东黎族自治县、陵水黎族自治县、保亭黎族苗族自治县、琼中黎族苗族自治县、洋浦经济开发区	500	350	海口市、文昌市、澄迈县	11—2月	650	450
				琼海市、万宁市、陵水黎族自治县、保亭黎族苗族自治县	11—3月	650	450
	三亚市	600	400	全市	10—4月	720	480

地区（城市）		住宿费标准		旺季地区（城市）	旺季浮动标准		
						旺季上浮标准	
		总经理及以上	总经理以下		旺季	总经理及以上	总经理以下
重庆	9个中心城区、北部新区	480	370				
	其他地区	450	300				
四川	成都市	470	370				
	阿坝藏族羌族自治州、甘孜藏族自治州	430	330				
	绵阳市、乐山市、雅安市	430	320				
	宜宾市	430	300				
	凉山彝族自治州	430	330				
	德阳市、遂宁市、巴中市	430	310				
	其他地区	430	300				
贵州	贵阳市	470	370				
	其他地区	450	300				
云南	昆明市、大理白族自治州、丽江市、迪庆藏族自治州、西双版纳傣族自治州	480	380				
	其他地区	480	330				

地区（城市）		住宿费标准		旺季地区（城市）	旺季浮动标准		
						旺季上浮标准	
		总经理及以上	总经理以下		旺季	总经理及以上	总经理以下
西藏自治区	拉萨市	500	350	全市	6—9月	750	530
	其他地区	400	300	其他地区	6—9月	500	350
陕西	西安市	460	350				
	榆林市、延安市	350	300				
	杨陵示范区、咸阳市、宝鸡市	320	260				
	渭南市、汉中市	300	260				
	其他地区	300	230				
甘肃	兰州市	470	350				
	其他地区	450	310				
青海	西宁市	500	350	全市	6—9月	750	530
	玉树藏族自治州、果洛藏族自治州	350	300	玉树藏族自治州	5—9月	525	450
	海北藏族自治州、黄南藏族自治州	350	250	海北藏族自治州、黄南藏族自治州	5—9月	525	375
	海东市、海南藏族自治州	300	250	海东市、海南藏族自治州	5—9月	450	375
	海西蒙古族藏族自治州	300	200	海西蒙古族藏族自治州	5—9月	450	300

地区（城市）		住宿费标准		旺季地区（城市）	旺季浮动标准		
						旺季上浮标准	
		总经理及以上	总经理以下		旺季	总经理及以上	总经理以下
宁夏回族自治区	银川市	470	350				
	其他地区	430	330				
新疆维吾尔自治区	乌鲁木齐市	480	350				
	石河子市、克拉玛依市、昌吉回族自治州、伊犁哈萨克自治州、阿勒泰地区、博尔塔拉蒙古自治州、吐鲁番市、哈密地区、巴音郭楞蒙古自治州、和田地区	480	340				
	克孜勒苏柯尔克孜自治州	480	320				
	喀什地区	480	300				
	阿克苏地区	450	300				
	塔城地区	400	300				

致　谢

　　这本书能顺利完成，离不开许多人的帮助。首先，我要感谢那些在国有企业混合所有制改革（混改）过程中给予我启发与指导的每一位同行和专家。你们的宝贵意见与支持，让我在复杂的理论和实践中不断修正方向，避免了许多弯路。

　　在这里，我还想向所有参与混改工作的公司和团队表达最诚挚的感谢。正是有了你们的协作与支持，才能够推动混改工作的顺利进行，并为这本书的完成打下了坚实的基础。

　　特别感谢以下支持及参与混改工作的国有企业：

　　攀枝花市花城投资有限责任公司；

　　攀枝花花问金服数字产业有限责任公司；

　　攀枝花城建交通（集团）有限公司；

　　乐山市沙湾区铜河发展（集团）有限公司；

　　犍为新万兴投资发展有限公司；

　　曲靖市沾益区建设投资集团有限责任公司。

　　你们的责任担当与对改革的坚定信念，深深影响了我们的思考和行动，也为企业的改革提供了有力的保障。

　　其次，要感谢推进混改工作实际落地的参与者：

　　成都宗文金融服务外包有限公司；

　　攀枝花艾力芬特企业管理有限责任公司；

　　四川天信拍卖有限公司；

四川星河长明数字科技有限责任公司。

感谢公司中的每一位伙伴，你们的支持不仅体现在日常的管理和业务运作中，更在每个环节为本书的内容与理念打下了扎实的实践基础。

最后，特别感谢为我们提供专业服务的合作单位：

北京炜衡（成都）律师事务所李根茂律师、任丽丽律师；

时贰闫律师团队。

在本书创作过程中，正是有你们的法律支持和专业意见，我们才能够更好地理解和应对混改中的法律风险，为混改项目提供坚实的法律保障和合规支持。

每一位参与者，都是混改的见证者和推动者。你们的智慧与努力，赋予了这本书更深的意义。

混改这条路走得不易。我常常在思考：为何改革总是如此艰难，挑战重重？如果非要给自己一个答案，那就是"人性"和"利益"的博弈，历来如此。从理论到实践，再到每一个细节的执行，都需要坚定的信念和灵活的应对。我在书中试图呈现这些思考，也希望能为正在或者将要走上这条路的企业，提供一点借鉴和启示。

在这里要特别感谢我的父母——谢绍华和汪宗文。你们教会我，在复杂的世界里如何坚持初心，如何面对不确定和压力，如何在风雨中依旧保持前行的力量。

还要感谢那些默默陪伴我的朋友们，你们的陪伴与支持，始终是我写作和思考的源泉。在这个信息爆炸的时代，我们每个人都在用自己的方式去理解世界、解决问题，很庆幸有你们一路相伴。

这本书并非终点，更像是在群峰间跋涉时的一次短暂驻足。每一个阶段的总结，都是新思路的起点。混改这条路虽然艰难且漫长，但只要坚持，终会有不同的风景。希望这本书所传递的每一点思考和经验，都能在你的实践中找到它应有的意义。

谢谢读者，愿你的改革之路越走越远，越走越宽。